# 勇者的逆旅

## 一位執業律師的思辨與取捨

張曼隆律師◎著

# 推薦序

律師本是個吸引人的行業，可以接觸各種類型的事件。有充分的專業知識並且要相當的世故練達，才能做好律師工作。曼隆是個好學的法律人，非但取得英國法學博士，尚且對傳統典故與詩詞甚為熟稔。把律師的甘苦述說得引人入勝，外行能夠一窺門徑，同道可生會心微笑。《勇者的逆旅》是一本值得細讀，也可優遊瀏覽的好書。

第六屆立法委員、第四屆監察委員，現任東吳大學法學院講座教授

李復甸

張曼隆大律師為本校教授，其以優美流暢的文筆，敘述了其在求學、律師考試、法庭辯

論、案件處理、出國留學及精彩的工作內容等相關的律師生活，讓我得以窺見執業律師的一些精彩風貌。因此，我覺得本書非常值得一讀，並樂意推薦給大家。

國立台北商業大學校長 任立中

人生苦樂參半，尤其碰到官司纏身時更是苦不堪言，這時候最需要的就是一位善解人意、法律知識充沛、辯才無礙的律師，而張曼隆博士律師就是這樣一位救苦救難的律師菩薩，在律師生涯中幫助了很多人。很高興張博士律師今日能夠將過去人生的經歷和各種案件集結成書，讓人讀來津津有味，特別推薦之。

國立臺北商業大學前校長 張瑞雄

張曼隆律師是我大學時代非常要好的同學，博學多聞，對中文詩詞之鑽研尤深，經常引經據典，出口成章，毫不費力，所以也是班上第一個考上律師的風雲人物，之後其事務所的經營更是有聲有色，秉持公義，形象正派，不為賺錢而濫行接案，殊值年輕律師效法。其後更在事業巔峰之際遠渡重洋，隻身前往英國攻讀博士學位，其意志之堅強、對法學之渴求，更值我輩學習與尊敬。此書以深入淺出的方式分段彙集完成，流暢地講述著其律師生涯的精采點滴，時而詼諧，時而莊嚴，大作中當然更少不了以中外歷史旁徵博引，及歌賦詩詞比附心境，是本值得現在或曾經修習法律的社會人士及想努力拚搏砥礪意志的年輕學子，絕對不可或缺的鑽石武林祕笈。

台灣高等法院花蓮分院法官 張健河

在台灣邁進民主、自由、法治的時代，法律素養成為國民必備的知識，張曼隆教授在執業、教學繁忙之餘，著書讓大家分享他的專業知識及精彩的律師生涯，閱讀此書，必能讓一般社會大眾增長法律常識！

力旺電子股份有限公司 董事 徐木泉

# 用智慧點亮人生　與大師同行

與大師結緣，是在一場北商大學校慶活動裡，雖然只是短暫的寒暄相處，就能體會出張大律師的為人，是如此謙卑低調平易近人，一個留英的法學博士律師，卻沒有一點架子，在律師界真是少見，在他身上有太多值得學習的榜樣！

在爾後的相處中，更能處處看到他熱心公益，樂善好施的奉獻精神，在這個功利的社會裡，真難能可貴！欣聞張大律師要把執業三十餘年的實務經驗，出書提供給大家分享，有幸先拜讀他的書中文章之後，深感要當個律師已不容易了，更要當一個有守有為、又能仗義行俠的大律師就更困難了！

今張大律師用生花妙筆所寫書中的每篇案例，都非常精闢實用，有幸能為他推薦給大家，期盼大家都能夠領悟其中的智慧，來運用在生活及工作上！相信必能帶來意想不到的妙用。

三陞科技（股）公司 董事長／清涼音文教基金會董事長／亞洲工商界名嘴

**張錦貴**

古羅馬人發展了複雜的成文法典及訴訟制度辯護，開啟律師制度的濫觴。好萊塢的電影中常將律師描繪成不畏強權，勇於冒險，挑戰威權無上限的正義使者。在我的眼中，律師要有滔滔雄辯的口才、傾天萬鈞的筆力，更要有光明磊落的心境，而張曼隆律師不僅符合如此的條件，更熱誠於法律專業人才培育，亦儒亦俠的張曼隆將他的職場觀察凝鍊為《勇者的逆旅》，這是他的人生故事，也是你我的人性寫照。

藝術品拍賣官 游文玫

張曼隆大律師，為本會之法律顧問，長期接受本會法律諮詢，不僅提供了很好的法律意見，而且協助處理很多台越之間商務、婚姻、投資等相關法律問題，貢獻良多。我常見張大律師在臉書發表文章，內容十分精彩，網友反應十分熱烈。今得知其擬將長年發表之文章，彙集成冊出版；該書敘述其律師生涯之豐富經歷，並以詩詞穿插解說，讀起來非常生動有趣，我特別推薦給大家閱讀。

台越工商合作發展協會 理事長 吳200善

張曼隆大律師是國立台北商業大學法律教授，在律師職位擔任所長三十幾年，並在英國取得法學博士，伸張正義無數；是一位有擔當、學識的大律師。張教授在法律領域所見所聞令人佩服，今日張教授即將出一本書籍，將法律、文學、典籍分享大家欣賞令人佩服。

國立台北商業大學 主任祕書暨空院校務主任 凌祥發

# 作者序

傳統觀念一般認為「訟則終凶」，可見人民是非常排斥上法院的，因此人民對法院的普遍印象，它是一個嚴肅、冷酷及無情的衙門。連帶地，人民對律師這個行業，往往只停留在律師是個有錢賺，就肯為「壞人」辯護的刻板形象。可見，是法院也好，律師也罷，若欠缺與人民親近及溝通，人民非但無法理解法院與律師究竟是如何工作及運作的，也會產生一些疏離及誤解。

我執業律師已經三十餘年，長期在第一線接觸打官司的委託人，因此大多能了解委託人的想法；對於委託人面對司法程序的煎熬，亦有深刻的了解。我考量發表的文章，必須排除委託人之個人隱私及企業商務機密等不宜曝光之因素，我只能將多年經辦的案件，擇取其中一些案例，寫出來讓一般人認識平時律師辦案時會面臨到哪些問題？以及我個人是如何處理的？雖然您所看到只是我經辦的一些案例而已，但見微知著，從這些案例至少您可以了解到我平時經辦案件的態度；也可以了解到一些律師工作的面貌。

本書之文章，有些是我平時趁工作空檔所寫；有些是一時心血來潮快筆寫成；有些是累積數日之片稿組合而成；有些並曾發表在臉書與朋友分享。大致而言，文章記敘了我求學、律師考試、法庭辯論、案件處理、一些律師生活、出國留學等過程；透過這些事實反映出我個人對理想之追求，執業律師工作之態度以及一些個人價值觀。

如果您是法律人或是社會人士，本書的一些案例及處理方式，多少值得您參考借鏡。法律系學生的夢想之一就是畢業後能考上律師或司法官，除非您是學霸，否則考試之路對多數人而言是一條艱辛之路；我自己就當年準備律師考試之歷程在本書亦有所著墨，足供欲參加考試之學子參考。我在執業律師之中途，曾遠赴英國攻讀博士，在英國的留學生活是什麼樣子？本書亦記述不少，在此與您分享，若您亦有志去英國留學，亦可參考之。

不少臉書朋友不時鼓勵與督促我出版該等文章，與更多人分享。因此，我忘了自身才學有限，即將歷次發表的短文略作增刪修改，彙集成冊。本書之內容，是我平日工作忙碌之餘所寫，疏漏或錯誤在所難免，敬請讀者見諒，若您有任何指教，請寄至 lawfirm.chang@msa.hinet.net 信箱，謝謝，感恩。

# 目錄



Chapter 1

## 無心插柳的律師路

Chapter 2

## 法庭內、法庭外：執業律師的初心

# 目錄

目錄

## Chapter 3 勇者的逆旅：事業巔峰歇業、赴英留學、重披法袍

## 目錄



## 後記

### 我寫的詩

# Chapter 1

# 無心插柳的律師路

## 一、我選擇了法律？還是法律選擇了我？

人世間的路有很多，有平坦的，有彎曲的。而我剛開始選擇的似乎是一條彎曲的路；我放棄了選擇比較好走的路，而改走自已選擇的路。人的一生當中，總有一些選擇你必須要去面對的。如果你想在某些領域有所成就，那麼你就不得不有所取捨。如果你選擇了那碧湖的清波，那就必須放棄壯闊的大海；如果你選擇了水仙的婀娜，那就必須放棄牡丹的嬌豔。只要學會做選擇，每個人都可以是人生贏家。

是我選擇了法律？還是法律選擇了我？這個問題跟我有關，也很有意思，其實在我當上律師前，我真的不曾想過有一天我會當律師。因為那個時候律師考試的制度很不合理，而高考錄取率跟撞到流星一樣，可遇不可求。你很難想像，更早期，只要擔任立法委員三年以上者，就能經檢覈取得律師資格，真的有夠扯，有夠爽。

我自知我既不是過目不忘的天才，也不是百戰百勝的學霸。所以那時，我不曾浪費時間幻想未來當律師，這是真的。對我自己而言，當律師應該是偶然；也有可能是生命中的必然。

我那時才知道國民黨早期統治台灣，與日本的政權心態幾乎差不多的。日本占領台灣時代，日本人壓根兒不讓台灣人學法律，而國民黨政權是不喜歡太多人當律師的。為什麼？因為壓根兒，他們都覺得學法律的人，很容易知道政府的缺失及弱點在哪裡，不好對付，也不好管。直到王作榮擔任考選部長，才逐漸放寬律師考試名額。

也許，我中途選對了路，恰似「夜間選擇黎明的人，黎明為他選擇自由的風」，我的生命才開了花，不再是人間惆悵客，而是「暫別紫台自飄搖，何懼風雪總瀟瀟。不見昨夜雨濕處，聊以新顏待今朝」，對未來有很多的憧憬與嚮往。

## 二、念法律系時，卻志不在參加律師考試

明．湯顯祖《南柯記》第八齣說：「似蟻人中不可尋，觀音講下遇知音。有意栽花花不發，無心插柳柳成陰。」此詩比喻有意圖、有計畫去做的事經常無法順利成功，而無意中的作為卻獲得意外的成果。是的，如同陶淵明《歸去來兮辭》的經典名句：「雲無心以出岫，鳥倦飛而知還。」似乎道出了「流水下灘非有意，白雲出岫本無心」的意境與喜悅。這種情況似乎也發生我自己身上。

大學時，我沒有用心在法律的學習。我當初想進法律系，純粹想認識一些法律常識，以後出社會，不要對法律一點都不懂，真的僅只於此。就像我想要健身，而去參加武術館學個一招半式，而不是想要成為武林高手。我不像班上其他同學，有美好的人生規劃，一開始就志在當律師或司法官，而他們從大一開始每天就專心研習法律，有的甚至從大一開始，就到處去聽名牌教授（國家司法考試最有可能出題者）講課，勤作筆記，大學四年始終不間斷，樂此不疲。對我而言，這些似乎跟我無關，我從不過問，也不會好奇想去接觸了解，因為我不想耗在錄取率太低的司法考試投資上。我

那時心想，我從南部鄉下兩手空空而來台北，一無所有。我唯一擁有的就是對未來充滿夢想，而且躍躍欲試。

我準備當兵回來，去夜市擺地攤，閒時看幾本金庸武俠小說，運氣好時，也許很快我會存第一桶金。你沒有聽過姜太公行年七十歲，還在朝歌以屠牛為業，又曾經在孟津開過酒館嗎？劉備也曾在夜市擺地攤賣過草蓆，以後還當上皇帝不是嗎？「大隱隱於市，小隱隱於野」，我當時想年輕人若從擺地攤幹起，可以磨練非凡的心志。你就知道那時我雖身無分文，但是內心還是有幾分鬥志與想法的。

我在大學時代，大部分的功課，幾乎是考前跟班上女同學借筆記來應付的。考試時，我即使可以答得更好，我也不想答得太好，因為分數過高，我擔心下次沒人要借我筆記了，這種潛規則我還是知道的。我還記得大一時有一次，我跟一位女同學說好了，考試時我要坐她旁邊，她要負責救援。考試當天，我發現她可厲害了，她穿裙子將小抄寫在大腿上，考試時我強作鎮靜盯著她的大腿抄寫答題。她有些字抄得太小，根本看不清楚，我一急就伸手將她的裙子往大腿上方一拉，哪知力道沒控制好拉太高了，我那位女同學用雙眼猛瞪著我，然後她不自覺笑出來。豈料下課後，她一回神就拿書本一直追著我打，現在回想起來，有點好笑，也覺得那時念書不用功。

有人說，心若沒有棲息的地方，到哪裡都是流浪。確實如此，我直到日後改變想法要參加律師考試，那時，我才真正地將心安頓好，而順利考上律師。日後，我飛至英國留學攻讀博士，也才體會到真正用功讀書是怎麼一回事。

## 三、大學時讀課外書，有益日後從事律師工作

在大學時，我還是經常泡在圖書館讀一些書的，只是非法律書籍而已。當我讀完《三國演義》等中國四大古典長篇小說後，當然也要認識一下我們偉大的老子，他的《道德經》講：「禍兮福之所倚，福兮禍之所伏。」、「上善若水，水善利萬物而不爭。」我才了解平時教科書沒有告訴我們的可多了；我當時就覺得老子智商應該跟愛因斯坦是同級別的。不，應該倒過來說愛因斯坦跟老子是同級別的，否則老子不可能被公認是東方三聖之首。

讀了《史記－刺客列傳》後，我所知道的不僅是「風蕭蕭兮易水寒，壯士兮一去不復返」這悲壯的詩句而已，而是終於弄明白了，當年荊軻倉促出秦，讓一介無勇無謀的屠夫秦舞陽充當幫手是最大敗筆。尤其在刺秦關鍵時刻荊軻的表現有點畏縮，才讓刺秦成為千古惆悵。但我也反思，歷史有時會跟你開玩笑。試想荊軻若刺秦如願了，那整部中國歷史一定會從秦那時重新改寫，根據《蝴蝶效應》，你我現在應該都不存在了，你願意嗎？

我也想了解何以《資治通鑑》會成為古代帝王指定的教科書？你也許還不知道中國歷史上總計有多少個皇帝？我大二就算過，約五百五十多位左右。讀過東方的文學著作，接著我品味一下「傲慢與偏見」、「咆嘯山莊」、「塊肉餘生記」等各種西洋名著。我也涉獵了一些哲學名著，讀了伏爾泰的書才知他講過一句很臭屁的話：「真正的天才可以犯錯而不受責難，這是他們的特權。」認識了尼采才知道，他說話比伏爾泰更臭屁又有哲理：「那些不能殺死我的，都使我更堅強。」我也喜歡沙特說：「如果你獨處時感到寂寞，這說明你沒有和你自己成為好朋友。」、「對於過去我無能為力，但我永遠可以改變未來。」這些話讓我日後在圖書館一人孤獨讀書或做事時很管用，有點像在吸食鴉片自我催眠麻醉的感覺，但確實很營養又滋補。

叔本華說：「人性一個最特別的弱點，就是很在意別人如何看待自己。」不知自己原始個性就是如此？還是讀了那麼多書，改變了一些思維？我在大學時經常特立獨行，很少在意別人如何看待我自己。直到我出來執業律師時，我為了適應繁華的大千世界，在處世及人際交往哲學，才稍有調整。我改變不了世界，就適度的改變我自己。妥協，有時不見得是讓步，而是一種藝術。

## 四、大學時的辯論經驗，有益法庭攻防

律師在法庭攻防是需要好的論辯能力的，而我在擔任律師前的大學時代，竟然做了一些與論辯有關的功課，十分有利於日後的律師及教學工作，回想起來，我跟律師與教學的工作似乎很有緣。

話說在我大二時，有一次我在圖書館剛讀完《戰國策》所記述的蘇秦與張儀遊走各國，對不同國君所說的話，幾乎因而改變各國的決策及歷史，我深感「會說話」實在太重要了。再看，古羅馬的凱薩大帝當年被布魯特斯所領導的元老院成員暗殺身亡。凱撒最重要的將領安東尼在凱薩大帝的葬禮上所做的極具煽動性的演說，成功說服混亂中的羅馬人為凱薩復仇，凡參與陰謀刺殺凱薩的人，幾乎沒有人在他死後，能活過三年的。你就知道那場演說就如同一把大火，威力有多強大。

看完不少相似歷史案例，及讀過一些辯論的書籍後，我走出了圖書館想呼吸一下新鮮的空氣。就在校園內無目標的閒逛，時而抬頭仰望蔚藍的天空，看著幾隻飛鳥在樹端跳躍，時而凝望遠處的青山在雲層中穿梭，時而低頭思考，時而與來往的同學擦

身而過。忽然間，我一抬頭被眼前的一則「演辯社團」的「即席演講」比賽的公告所吸引，當下就決定報名了。到底我是來踢館的？還是來挨打的？都有可能。一周後我出現在比賽會場了。整個演講大會場擠滿了人，有的人是來比賽的，有的人是來加油助勢的，當然也有人是來看熱鬧的。我則隻身前來，感覺有點人單勢薄，但內心又躍躍欲試。比賽約分初賽、複賽及決賽等。若從初賽一路戰到決賽完畢，可能要從早上比賽到下午了，很耗時間與體力。我中午有午休習慣，這對我是個煎熬，還好，還是勉強撐下來了。

即席演講，顧名思義就是事先不知演講題目，當場抽籤知道題目後，就上台馬上演講約五分鐘不等。這種演講方式，多少可以測出你的機智、組織、邏輯及論述能力等，而且還可以測出你的肚子裡到底有沒有墨水？「沒有三兩三，怎敢上梁山」？我猜想敢來比賽者，應該都有一些實力的，因此每一場的比賽都是挑戰。直到下午，我好不容易一路過關斬將，終於取得決賽權，取得決賽權者約七名。這時現場擠滿更多人，氣氛很熱絡，一場真正的「華山論劍」就要開始了。

我聽說幾位決賽者是演辯社的高手，志在必得。其它決賽者，不時與陪伴的人交頭接耳，應該是在加油打氣臨陣磨槍吧！決賽者依抽籤順序上台，他們個個都講得不錯，很精彩。我想輪到我演講時，除非我能夠在瞬間組織嚴緊的演講結構，強化豐富的詞藻內容，再輔以綿密的邏輯推演論述，否則恐怕很難在亂軍中取勝。當我上台演講時，我只記得我很專注自己的論述，到底講得好不好，自己就不好說了。孰料在頒獎時，主持人在喊我上台時，我即刻趨前，他壓低嗓門附耳跟我說：「同學，你很厲害喔，講得非常好，我就知道你一定會得名。」然後宣布我得到第一名。我還來不及答謝，他就示意要我說幾句得獎感言。我對著台下吵雜的群眾說，請各位安靜，讓我講句話，我就下台，頓時台下鴉雀無聲。我接著拉高嗓門說：「拿到第一名，對我來說完全是個美麗的意外。我要告訴那些沒拿到第一名的同學們，歷史上不時會有『穿草鞋的流寇』一不小心就擊敗『穿皮鞋的正規軍』的。不好意思，這種歷史在今天又出現了。」語畢我即走下台，整個會場聽到爆滿的笑聲及如雷掌聲。

走出會場，天邊的一抹彩霞已在向我揮手。我回宿舍就睡著了，一覺到天亮。演講的事已經塵封多年了，我應該不曾對任何人提起。因為我認為：「如果真的是一顆鑽石，不需要言語加持，自然就會閃爍發亮。」

## 五、大學多樣生活，填補法律領域之空白

律師是要在第一線接觸當事人的，需要懂的知識，似乎不應只侷限於僵硬的法條世界，否則將跟不上五花八門的社會現象，恐怕也無法滿足這份工作的需求，這是我個人執業律師真實體驗出來的。因此有人戲稱，你看律師的法袍設計及顏色配置就很有意思，法袍橫跨黑白兩道，莊嚴又好看。現實上，律師辦案，常會接觸到黑白兩道，這也是事實，只是尺度距離要知所拿捏而已。很慶幸，在大學時，我自己多少有填補這部分非法律領域之空白，而這些經驗也是超出當初我自己的預期。

大學四年，我自己經常隨興的去聽了不少名人專家之演講，舉凡天文、地理、藝術、娛樂、政治及國際現勢等議題，只要我有空，我幾乎一個人就跑去聽。到演講會場，我幾乎都選擇坐最後面最角落的位置。如果我覺得演講者口才好，言之有物，又具有個人獨到見解的，我就聽完；否則就出現，「悄悄的我走了，正如我悄悄的來」。

聽演講多少可以增廣見聞，學習新知。記得有一次，我一個人還跑去師大，去聽一位該校教授的演講。演講內容是有關這位教授講述他研究二十四史的心得。二十四

史是中國古代各朝撰寫的二十四部史書的總稱，每部都是「正史」，記載逾四千年，上起黃帝，止於明崇禎，計三千多卷，真的是很龐大的巨著。我很好奇這位老教授是花多少時間讀完的？他是如何讀的？讀了又有什麼獨到的心得？在演講中他娓娓道來。他說他畢生研究二十四史，已讀了好多遍了，每讀一遍就會發現書本有不少缺漏，他還數落有些史書作者學問不紮實，所寫的內容或是不通暢，或是前後矛盾等缺失，不一而足。因此，他自己索性逐頁修改。然後他對著底下的聽眾說，你們千萬不要迷信，那些有機會寫正史的人，他的學問不見得有多厲害，只是他的運氣比我好一點而已。大家聽了就哈哈大笑，並以掌聲回應他。那位老教授講話炯炯有神的儀態，以及展現高度的自信與治學狂熱，是大學時我聽過演講中，印象最深刻的一位。雖然我去聽這場演講跟我本科法律無關，但對我在日後投入律師考試的準備及律師執業工作，其實有很大的啟發作用。

四年很快就過去，不知有多少個星空閃爍其間，就像太陽有東升西落，月有陰晴圓缺，這是個必然，卻也很難抹去這不絕如縷的學校生活的眷戀。大學畢業後，除非繼續讀研究所，否則女生幾乎就投入職場，男生就要去當兵了。離開學校前，我幾乎把所有的法律書籍全部送出去了，只帶走我自己平日在圖書館做的筆記及投稿刊登在報章雜誌的二十餘篇的文章做紀念。我帶走的行李跟我當年從鄉下來台北念書時帶來的行李差不多，有一點「揮一揮衣袖，不帶走一片雲彩」的味道。

你若問我，畢業時那一刻的心情是如何？我可以告訴你，大概就像一首唐詩所寫的那樣：「千里黃雲白日曛，北風吹雁雪紛紛。莫愁前路無知己，天下誰人不識君。六翮飄颻私自憐，一離京洛十餘年。丈夫貧賤應未足，今日相逢無酒錢。」那時你若遇到我，確實是「相逢無酒錢」，我肯定是無能力請你上酒館的。

揮手從此去，蕭蕭班馬鳴。

## 六、服兵役的訓練，累積日後工作的本錢

來當兵了，這是不同的體驗，這種體驗是心靈與體能的訓練。當律師最好能有良好的心理素質及強健的體能，才能更好應付律師案牘勞形，東奔西跑，唇槍舌戰於法庭的工作。服兵役多少可以提供這種體驗，同時也可以訓練這種心理素質。

自古以來，當兵基本上是危險的工作與任務，但你若能將心裡素質調適好，當兵也許可以將無奈枯燥變得較帥氣一點，否則在封閉的軍中環境，數饅頭過日子一點都不好過。且看唐朝的阿兵哥是怎麼調適欲往前線殺敵的心情？王翰的詠邊關情景之名詩〈涼州詞〉云：「葡萄美酒夜光杯，欲飲琵琶馬上催。醉臥沙場君莫笑，古來征戰幾人回。」描寫出征的將士們在偏僻荒涼的邊塞的一次盛宴，開懷痛飲、盡情酣醉的場面。而正當他們開懷暢飲之際，卻立即被琵琶的聲音頻頻催上路的情景。這首詩同時也表達了將士們知悉前途險厄，卻將自己百般無奈的心理，瞬間轉變為豁達、豪放面對的心態。想想，我只純粹去當兵，不用上前線殺敵，比起古人當兵時必須「黃沙百戰穿金甲，不破樓蘭終不還」這種出生入死的情境，真的是幸運多了。

我是被分發到桃園的步兵部隊服兵役的，步兵一般著重體能訓練。例如，部隊被要求長跑一萬公尺的訓練。一萬公尺是什麼概念？你們家附近的學校若有大操場，隨便計算大概就是五十圈以上。我並不是飛毛腿，但居然每次都能苟延殘喘跑到終點，這對我已經很不容易了。有的阿兵哥體力不支，跑個幾圈，臉色就已經比向人討債還難看，有的中途就暈倒在地了，我沿途有時還要去救暈倒的人。步兵部隊有時還要跨縣市遠行軍，行軍時要繫軍腰帶，帶個水壺，配一把刺刀，頭戴鋼盔，背肩提一把長槍，另外背一個大背包，內裝軍毯、衣服、雨衣、乾糧等物。你看，就是一身厚重的累贅，又要徒步遠行，夜晚你會看到你的雙腳幾乎冒出一顆顆的水泡，而天亮時，你還得繼續行軍。

我還記得有次從桃園到苗栗往返快行軍，沿途會經過市區，民眾會熱情跟你打招呼。有時經過崎嶇山路只能聞到蟲鳴鳥叫聲，有時會經過廢墟或墓區，累了即就地休息，百無禁忌。有時就在田梗邊停下吃便當，此時你放眼看去一大片金黃稻田隨風搖曳，然後遠處飛來幾隻小鳥對你輕叫幾聲，你就可以體會到什麼叫做「四月南風大麥黃，棗花未落桐葉長。青山朝別暮還見，嘶馬出門思舊鄉」的味道。行軍到傍晚，每個人幾乎已經累得人仰馬翻，有時就露睡在荒郊野外，此時望著寬闊的銀河橫掛天空，真的有幾分「醉臥不知白日暮，有時空望孤雲高」的感覺。

拿破崙曾經說：「不想當將軍的士兵，就不是一個好士兵。」依照他的邏輯，我就不是個好士兵，因為我不想當將軍，也不可能當將軍。但當兵就是盡國民義務，做一日和尚就撞一日鐘。這軍中生活就包括洗三分鐘的戰鬥澡、提槍在泥濘的土地上發射子彈、在烈日或下雨中出操行軍等度過。還好，除此之外，我有自己的辦公房間，夜深人靜時，我還可以讀幾本書當消遣。

冬天可能更辛苦，夜晚更加寒冷。記得有一次，連長在冷颼颼的夜晚帶一碗香肉（狗肉）跟一瓶高粱酒來敲我房門。我這一輩子是不吃香肉的，我有點排斥，就二話不說拒絕了。連長面有難色的回我說，你真不給我面子，好歹也試吃一塊吧！連長說的也是有點道理，我也能感受到他的好意，於是我就拿起筷子往碗裡挑一塊最小的，但是最小的，還是很大塊，我不加思索就吃了，並立即將一杯高粱酒一口就給喝乾淨，目的是要壓過香肉的味道，嘴裡已分不清是肉香或是酒香了。然後對連長開玩笑的說，我今晚跟北方人完全不一樣，是「小口吃肉，大口喝酒」，他終於露出笑臉，滿意的哈哈大笑，這就是軍中生活，我連香肉都吃了。

不過直到現在，我都還為了曾經吃過那一塊香肉，帶有濃濃的罪惡感。我很喜歡爬山，曾經在山上，猝不及防的被野狗咬過兩次，我並不以為意。我還跟我的登山同伴說，因為我曾經吃過一次香肉，兩者也許有關聯，但連續兩次被野狗咬一口，算是終於讓牠們復仇了。「歷盡劫波兄弟在，相逢一笑泯恩仇」，是吧？

一年十個月過去了，身體練得比以前更強壯了，心志也增加幾分成熟。殊不知，這是我以後闖蕩江湖，打拚天下，逐鹿中原的本錢。

退伍的那一天，我像被放出鳥籠的一隻飛鳥，翱翔在一望無際的天空，那是多麼開心得意的事。但是想想，接下來就要出社會了，確實是有幾分「停杯投箸不能食，拔劍四顧心茫然」之感。想想我自己以前不是信誓旦旦的說過要學姜子牙、劉備去擺地攤嗎？真能順利如願以償嗎？

## 七、當兵回來，兩手空空，想去擺地攤

詩云：「少小離家老大回，鄉音無改鬢毛衰，兒童相見不相識，笑問客從何處來。」人生易老，世事滄桑。當你離別家鄉歲月多，真的是唯有春風不改舊時波。我從國中畢業之後，就一個人出來城裡讀書，跟家人是聚少離多，軍中退伍之後，我就回家待了個幾個月跟家人聚聚。

我的父母在南部鄉下開一家電器行，那裡真的像羅大佑唱的〈鹿港小鎮〉一樣，我的家鄉真的是沒有霓虹燈。我記得從小開始，只要有空就要負責幫忙看店，有時要跟貨車一起出去送貨，就是協助搬電視、冰箱、洗衣機之類。我執業律師時，有空回鄉下，家裡缺人手時，我還是隨車客串搬運工。

在鄉下我是第一位考上律師的人，因此我同我父親去送貨時，不少鄉親還是會認出我的，且往往會從屋內飛奔而出，搶手接過笨重的電視機之類，不讓我搬，並對我父親笑稱：「張伯伯，你的成本也太高了，把一位大律師拿來當搬運工使用，我哪承受得起。」鄉下人就是這麼純樸可愛。

我父母多年前已搬到高雄居住了，而鄉下的左鄰右舍，若遇法律問題，仍然會來電諮詢，有的還會來台北找我，我幾乎都給他們滿意的協助，且從來沒收過鄉親任何費用。幾年前，我陪同朋友回去旅遊，鄉親熱情爭邀我吃飯，回程時還準備大包小包的土產給我，我的雙手幾乎都拿不動了，與鄉親道別，仍有種「桃花潭水深千尺，不及汪倫送我情」的感覺。

我從大學畢業後，幾乎不再向父母要過錢了，即使我口袋很困窘時，我還是如此。但現實生活，我急著想靠自個兒賺第一桶金，闖出一片天空，因此我要離鄉回台北打拚了，從高雄坐火車往台北奔馳，就像有一首台語流行歌曲唱的：「火車漸漸在起走，再會吧我的故鄉和親戚，……阮欲來去台北打拚，聽人講啥物好空的攏在那，朋友笑我是愛作瞑夢的憨子，不管如何路是自己走」，台北真的是我實現夢想的地方。

所謂「夜市千燈照碧雲，高樓紅袖客紛紛。」這是唐代描寫夜市繁華的景象，真的是「天下熙熙，皆為利來；天下壤壤，皆為利往」，對照古今，應該都是如此。我當年想去擺地攤，是因為我一無所有，而這是一門小成本，高利潤的行業。我曾幫不少在夜市擺攤的當事人辦過案件，每個人幾乎都在台北有好幾間樓房，這就印證我當初的判斷是沒有錯的，人多熱鬧的地方就是好賺錢。

回台北後，我每天就騎著一輛會冒一點黑煙的老舊摩托車，在大街小巷到處跑。經過一番考察評估後，我發現那時候很多人都習慣買本雜誌、小說來打發時間，尤其是武俠、言情、玄幻類的小說特別受歡迎，利潤也特別高。我決定擺攤賣二手書籍了，因此將我手中三分之一的積蓄拿去買了一車的書籍，我的一位軍中朋友還提供一個免費的倉庫讓我存放。當然我也想在夜市租了一個攤位，前手答應二個月後就讓給我，似乎一切進行很順利。我心想一邊賣書一邊又可喝杯咖啡看書了，豈不快哉？有點像在編織「我的夜市人生」。我不知道當年姜太公及劉備在擺地攤時是怎麼打發時間的？頂多是泡壺茶，不可能喝咖啡，是吧？

孰料，天有不測之風雲，一車的二手書本放入倉庫不久，那一、兩個月居然接二連三來了幾個大颱風，市內到處大量積水，我放二手書的倉庫的屋頂被颱風颳了一個大洞，屋漏偏逢連夜雨，慘了，所有的書本濕爛了，最後連原先要頂讓攤位給我的人也改變主意了，這代表我的投資將血本無歸了。更慘的是，雨還是三天兩頭下個不停，我的口袋快空空，前途茫茫。比劉伯溫寫的那首古詩：「風驅急雨灑高城，雲壓輕雷般地聲。雨過不知龍去處，一池草色萬蛙鳴。」更嚴重了。也許，歲月常常自帶傷，那有花兒日日紅。我總是安慰我自己，沉沉的黑夜應該只是白天的前奏。

## 八、到律師事務所應徵，幸運被錄取

話說我擺地攤沒成功，進退維谷之中。這有如帶兵打戰者，遇到野無水草，軍乏資糧，馬困人疲，智窮力竭的地步了。最後還搞得像三國時代的周瑜，本以為是神機妙算安天下，豈料卻落得「賠了夫人又折兵」的境地，有夠慘。連續幾天，每當夜晚我就望著窗外沉思要如何走下一步？窗外，總是月色如水，如水的月色正好映襯著我如水的愁緒，此時心境確實是「人悄悄，簾外月朧明。欲將心事付瑤琴。知音少，弦斷有誰聽」？

但想想，人生，沒有過不去的坎，凡所有過往，無論是失落的，綻放異彩的、總會飄飛消失，而全部變成了曾經。我何須執著於一時的成敗，而坐困愁城？我只要想辦法應該可以越過這個坎。失敗，有時是成功最重要的養分。很多歷史上的案例不是如此嗎？你看看當年劉邦及朱元璋搞革命，不也是這樣；他們交戰時，贏了就乘機擴大版圖，打輸了，即使快要沒飯吃了，也要保住一條命去打游擊，永遠不能放棄，而且要永遠保持戰力，即使僅剩下氣若游絲的戰力。我在大學時經常泡在在圖書館的角落，窮讀摸索各類書籍，多少是有學到一招半式的，絕對不是我有多厲害，而是因為我所擁有的全部武功，就只有這些了，禦敵時當然就拿出這幾招來比畫了。我既然創業不成，大不了就去找工作吧，等我先度過眼前的難關，日後再徐圖前進，因此我去投履歷表找工作了。

我應徵了幾家公司，有外商及本國公司、也有律師事務所。我的目的很簡單，就是要找份工作，賺一份薪水罷了。我至今印象最深刻的是，某一天的早上，我去一家外商公司及一家律師事務所應徵，兩家幾乎同時通知要錄用我，這讓我陷入抉擇的困境。話說我到外商公司時，事先已填寫了該公司要我填寫的一切資料及個人自傳履歷並寄回。面試時主管已事先對我有初步了解。面試就像一般的職場面試沒什麼特別，但在面試快結束之前，該主管給我一張名片並示意我盡量將「希望待遇」往上調高，他人真的很體貼，我至今還是對他心存感激，於是我就將「希望待遇」調高一倍。離開那家外商公司後，我騎著摩托車趕去一家律師事務所面試。面試前，其實我內心是很心虛的，我也不認為我會被錄取，主要是我大學時幾乎沒好好唸法律書籍。事後我才知道面試我的律師老闆，當年他在全國律師高考錄取人數還是個位數的情況下，居然以第一名錄取。若是金庸寫小說，這位律師老闆肯定是他筆下一位武功蓋世的絕頂高手了。

面試前，其實律師老闆已看過我寄來的履歷自傳及相關文件。面試時，他幾乎沒問我有關法律的任何事物，只盯著我先前寄來的一張我在高中時參加全校論文比賽獲得第一名獎狀影本。他話不多，問我我念的高中有多少人？要我談一下我參加論文比賽的情形？我回他說，我念的高中全校約三千多人，比賽規定二個小時要寫完論文，但我不到四十分鐘就要繳卷，當場被監考女老師阻止，並說最少要一個小時才可繳卷，緊接著那位老師又補了一槍說：「同學，寫不出來不要洩氣啊，回桌上坐著慢慢想，慢慢寫。」我想這位老師也是好意，我不敢吭聲，就回到桌上趴著半睡休息，然後一邊眼睛瞄著手錶，好不容易熬過了二十多分鐘，我又去繳卷了，全場還是第一個繳卷，很多眼睛都盯著我看，我猜這位老師與參加比賽的所有同學，心裡一定都在想，這位繳卷的同學是第一位出局了。

一個月後左右，哪知奇蹟出現了，學校通知我論文比賽得第一名。頒獎那天，那位監考女老師又出現了，他負責拿獎狀給校長，校長再親自頒發給我。我接受獎狀的全程，我發現那位監考女老師一臉疑惑地直盯著我看，而且憋不住了，竟然走到我面前，有點尷尬地壓低嗓門問我說：「你是不是比賽時，第一位繳卷的那位同學？」我有點不好意思，沒正眼看她，只是輕輕點頭。接著這位老師，舉起她的右手輕輕拍我的左肩說：「唉喲，張同學，我監試那麼多年，還第一次看走眼了，老師跟你道歉啊。」我那時覺得回她什麼話都不適當，不以為意就對她點頭微笑離去。我講完這個故事，面試我的律師老闆，好不容易露出笑容，然後就跟我說一周後可去上班，我即稱謝離去。真的出乎我預料之外，因為那時開業律師不多，要找一家律師事務所學習也不容易，而我真的被錄取了，有點不敢相信。我從不期待我這江湖小卒，日後能學得什麼蓋世武功，而蛻變成絕世大俠；縱然像劉姥姥進大觀園，進去律師事務所走馬看花也無妨。

我回到家裡幾分鐘後，我又接到早上那家外商公司通知我也被錄取了，負責通知的小姐說，薪資就照我的希望待遇起薪。我馬上回她說，可不可以讓我考慮一個晚上，我明早即回覆？他答稱，沒問題，可以的，就掛了電話。你可能不知道，這家外商公司願意給我的起薪待遇還不錯，大約是律師事務所的起薪近四倍之多。我那時什麼都缺，特別最缺錢，而外商公司願給我的薪資對我是很大吸引，我不可能不心動，但我已答應要去律師事務所了，魚與熊掌不可得兼，究竟要捨魚而取熊掌？我真的陷入選擇的兩難。

我知道，藏傳佛教史上有一位很引人注目的上師，即六世達賴喇嘛倉央嘉措，他是西藏著名詩人，也是歷代達賴喇嘛中最具傳奇色彩的人物。他既喜歡佛祖，但也愛上一位傾城佳人，曾經憂慮多情會損害自己的修行，可是選擇一個清靜的地方修行，又怕與心上人離別，真是難為。試問人世間能有一個兩全的方法？既能讓自己不辜負如來佛祖，又不辜負佳人嗎？因此倉央嘉措寫了一首詩，以表心思：「曾慮多情損梵行，入山又恐別傾城。世間安得雙全法，不負如來不負卿。」我選擇工作的困難度，當然不能與六世達賴喇嘛的抉擇相比，但心情都是左右為難，這點肯定是相同的，終究我是如何選擇的，且看下文分解。

## 九、放棄至外商工作，選擇去當律師學徒

有人說：「誠信應該是人生最美麗的外套，也是心靈最聖潔的鮮花」，我思考了一整夜，認知到守信的重要。我想既已答應律師事務所在先，若我不去上班，似乎違背了先前承諾。何況我到事務所多少可以學到一招半式。再者，禍兮福所依，福兮禍所伏，世事難料，我失去外商公司上班機會，也許日後應該可以從別的地方補回來，所以就決定去律師事務所上班了。

隔天一早，我就先打電話外商公司，並親自寫了一封信說明沒來上班原因並附上一張謝卡。之後，我當了律師，我寄了一張名片給那位主管，他接到後很高興立即打電話給我，並邀我一起吃飯，我順便帶著一盒水果送他，彼此相談甚歡，還建立了友誼。他的公司日後有任何法律問題，都會來電諮詢我，還拿了幾個案子給我辦，人生的際遇多變，真的不可思議。終究歲月催人老，有一天那位主管特地打電話給我，說他年紀大了要退休並移民到美國了。我有預感，這意味著他一出國，以後見面就很難了。在他出國前，我特地邀請他到一家大飯店吃飯幫他餞行，並準備一個皮夾及一支

筆送他，他很高興地對我說，他即使沒跟我成為同事但卻成為好朋友也很窩心，事實就是這樣，我頗有同感。那一晚，窗外只有風，沒有雨，道別時彼此笑了笑，揮一揮手，以後就在地球的兩頭了。真的是人生如浮萍，聚散兩茫茫。

當然我就到律師事務所報到了。我至今仍然把我當初進入的律師事務所，比喻為少林寺，我真的遇到了武功高強而且最嚴厲的方丈住持了，在裡面吃了不少苦頭，也學了不少功夫。而且還遇到了助我一臂之力考上律師的好同事，這裡真的是我人生很大的轉折點。

## 十、跟隨一位頂尖的律師學習

《雙城記》（*A Tale of Two Cities*）是英國作家查爾斯‧狄更斯所著，描述法國大革命的一部大時代長篇歷史小說，也是相當感人肺腑的世界文學經典名著。小說的開場引言是這樣的：「這是最好的時代，也是最糟糕的時代，……這是光明的季節，也是黑暗的季節；這是希望的春天，也是絕望的冬天；我們無所不有，我們一無所有。」對我而言，我無法選擇所處的時代。我所處的時代，是個社會貧窮多於富有的時代；有人唾棄它，但也有人歌頌它，歷史永遠都有相對立的解讀。我剛進入社會，與很多人一樣，身上一無所有，我經歷過黑暗的季節，面對過寒冷的冬天，對我而言，這真是最糟糕的時代了。不管我身處怎樣的時代，我只能盡其在我，努力奮鬥向前。

我內心的希望就是夢想有一天真能「化腐朽為神奇，變渺小為偉大」。我跟很多同年齡的人一樣，內心的期盼是很殷切的。我進入律師事務所的第一天，經同事介紹，知道這裡由三位律師一起共租一間辦公室，並各聘請兩、三位助理，所以事務所共有三位律師，加上九位助理，其中有六位來自各大學法律系，三位是行政助理，總計十二位成員，地址就在重慶南路一段。很多律師事務所都設在附近，如果你站在馬路邊抬頭往上遠看，你將可看到滿街律師招牌層層疊疊懸掛在大樓牆邊。這裡離總統府、台北地方法院、檢察署、台灣高等法院及最高法院都很近，真的是近水樓台。

這裡同時是台灣歷史最悠久的一條書店街，許多文人雅士、知識份子和學生，喜歡在這裡買書徘徊，書店街彷彿是大家的精神天堂一般。在這裡與你擦身而過的人，很多都是台灣的社會菁英。我以前念大學時，幾乎會來這裡買書及閒逛，所以對這條路特別有記憶。這條道路及附近有數不盡的前塵往事，也有忘不掉的浮生三千，時過境遷，回想起來自然而然有一種「誰念西風獨自涼，蕭蕭黃葉閉疏窗，沉思往事立殘陽。被酒莫驚春睡重，賭書消得潑茶香。當時只道是尋常」的感觸。

我的老闆與其他兩位律師都是當年律師高考及格，以當年每年錄取律師人數之少，這三位律師可說是法律菁英了，並在業界皆享有一定的知名度。第一天上班時，我的同事大致上幫我介紹了事務所的人事概況。與我同屬同一位老闆的師兄，我來之前他已工作一年了，所以他幾乎嫻熟各項工作內容，我不懂的就先請教他。我第一天問他跟老闆相處有什麼特別需要注意的？他笑笑跟我說：「你一問就問到重點，我跟你說，我們老闆要求工作品質很嚴的，一絲不苟，有關法律工作內容要求幾乎是零缺點，做不好經常會被K，他不會對你大呼小叫，但唸你的時候會讓你整天很緊張、很不開心。」我回說：「是不是像少林和尚學功夫，經常會被打得滿頭包？」他笑笑回說：「很像。」我說，除此之外，還有什麼要注意的？他回我說：「你打過棒球嗎？」我回說：「打過。」他回說，你最好要有心理準備，隨時要像捕手一樣接球。我說你這句話我聽不懂，請師兄開釋一下？他又回我說：「我告訴你，你在工作或是寫狀紙時，他若指出缺失，下次不要重複出現，否則會挨罵。狀紙如果寫不好，他會叫你過去，你人快到時，他會從房間將狀紙丟出來，你要記得反應要快一點，就像捕手瞬間把它接住。」

哇，聽這位師兄這麼一說，我知道老闆確實要求很嚴，我回他說：「下班時我直接去買個漁網，他若丟出來，我不用手套，就直接撒下漁網，十之八九不會漏接。」他聽後不禁哈哈大笑。當然這是我們私下的玩笑話，但我已了解日後工作要面對的種種挑戰了。古希臘哲學家蘇格拉底說：「你擔心什麼，什麼就控制你。」因此，我當下就已調好當學徒的心態，當學徒不必太在乎尊嚴，愈是太在乎，日子愈不好過。

我日後去英國念博士，也一樣盡力忘掉我在台灣當律師的身分及一切光鮮亮麗的經歷，當整個人的榮耀只有完全歸零時，才會謙卑面對困難的博士生生活。這位師兄為人正直，樂於幫人；我在事務所跟他相處的時間裡，他從旁指點協助不少，之後他離開事務所，就去一家上市公司當法務經理了。我執業律師之後也常約他一起吃飯敘舊，他跟我說以前老闆嚴格的訓練與要求，對日後的法律工作確實有很大的幫助，我當然也是這麼認為，他也很滿意他的工作。只是有一次他曾私下感傷的對我說，他的人生若有什麼遺憾，就是他老婆有時會跟他抱怨說他一直都沒考上律師。我聽了這些話真為他「虛負凌雲萬丈才，一生襟抱未曾開」感到遺憾無比。

德國哲學家尼采說：「高貴的靈魂，就是自己尊敬自己。」、「每一個不曾起舞的日子，都是對生命的辜負。」其實法律系畢業的，沒考上律師的人數遠比考上律師的人多很多，考試多少還是有點運氣的，沒考上的人真的沒必要去折磨自己的靈魂，也不需要辜負生命，執著在律師或司法考試上。

「天無涯兮地無邊，我心愁兮亦復然。人生倏忽兮如白駒之過隙，然不得歡樂兮當我之盛年。怨兮欲問天，天蒼蒼兮上無緣。舉頭仰望兮空雲煙，九拍懷情兮誰與傳？」紅塵漫漫，有的人很幸運，一生順意，而有的人卻如詩中所寫的一樣，歷盡坎坷，一肩挑盡古今愁。我們所擁有的都是幸運，我們所遇見的也許都是天意，應作如是觀。

# 十一、每天辛苦工作，努力練功

有一首描述上班族辛苦工作的詩，寫得真的入木三分。詩曰：「步入社會闖江湖，天天早起睡不足。日出趕車何如此？養家活口為衣食。下班之時月亮出，到家已聽小兒哭。對窗輕歎夜已晚，熄燈一覺忘甘苦。」詩的大意是，剛成年就步入社會，為了生活一大早就要出門工作，所為是為了養活一家人。晚上月亮出來了才回家，到家門口已聞小兒在啼哭，對著窗邊感歎生活的艱辛已入深夜，只有睡覺時才忘了工作的辛苦。不知你年輕時外出工作，是否也如此？

我在律師事務所工作，就是從基本功學習，舉凡寫書狀、到法院遞狀、辦理提存，或到郵局寄存證信函等都是。這些工作每一項都要用心，若有一點疏失就很容易對當事人的權益造成損害。可見，法律工作，就是要嚴格風險控管，控管不好就會出現「馬虎失街亭，大意失荊州」的情況。我相信各行各業，都是如此。雖說是朝九晚五，但也是要加班，雖然沒有天天早起睡不足，但是經常熄燈才覺忘甘苦，倒是事實。

我每次從事務所步行至法院辦事情，都會經過總統府，一年三百六十五天至少有一百天會從總統府經過。每次路過時，就盯著建築物看，數一數到底有多少層樓高，又有多少個窗戶？不時會對府裡府外的一景一物感到很好奇，當然你只要一經過這裡，周邊的警衛也一直盯著你看，這時想像是：「我見青山多嫵媚，料青山見我應如是。」應該才會覺得比較有趣。直到我執業律師了，我才有數次進出總統府的機會，多少滿足一下以前對總統府內部的好奇。

在律師事務所內，同事們平時上班時各忙各的，但若遇到問題，彼此才會討論、交換意見。工作中，如何寫好狀紙，是我們學習重點。我們擬狀後，老闆會用紅筆幾乎每行、每段、每頁改，改得每頁紅通通，密密麻麻，好像滿天星斗一般。就在不斷的寫書狀、不斷的被修改中，自己去領會其中要領及知識。寫狀紙跟寫作文是不同的，寫狀紙要有證據支撐，寫的內容要抓注重點，言之有物，否則即欠缺說服力。因此如何拿捏鋪陳書狀內容，其實是有要領的。總之，書狀不管怎麼寫，就是能說服法官或檢察官接受你的意見為主要目的，如果達不到這個目的，你寫的書狀縱然文辭很優美，還算是失敗的。

我發現有一篇極佳的文章，就是李斯寫的《諫逐客書》，不管對寫書狀或論文都有參考價值。這件事起因於秦國宗室貴族假借韓國派水工修灌溉渠，陰謀消耗秦的國力，因此諫請秦王下令驅逐一切在秦國的客卿，包括李斯。李斯在快要被驅逐出境前，寫了《諫逐客書》的奏章給秦王。這篇文章只有短短九百三十一字，內容十分簡潔，沒有廢話。鋪張排比，列舉事例，層層深化。在論證上正反兩面對比，邏輯推理有序，極富說服力。秦王讀了李斯的奏章為之震動，就廢除了「逐客令」，並命人追回李斯，恢復其官職。若你有興趣可讀閱參考。

西洋有句哲學名言：「真正的無知不是知識的缺乏，而是拒絕獲取知識。」我在這裡唯恐學得不夠多，每天所學的基本功、辦案的方法及精神，對我日後從事法律工作的影響助益很大。也因為在這基礎上一直不斷的精進學習，日後才有能力百戰沙場。真所謂「寶劍鋒從磨礪出，梅花香自苦寒來」。

## 十二、同事傳授經驗，鼓勵我參加考試

佛經說：「諸法因緣生，諸法因緣滅。」可見，緣起緣滅，終是一指流沙；功名利祿，不過是轉世繁華。緣分應該是一種妙不可言的遇見。在茫茫人海之中，無數的人擦肩而過，有緣的人，不管在什麼地方，終會相見的。所以一生風月且隨緣，我們人生終能巧遇一些知己，真的是很幸運，足以慰風塵了。因為緣分，我在事務所得以遇到良師益友，良師是老闆，這位益友是我的同事，也是我的人生貴人，且聽我道來。

我在事務所工作一段時間後，同事總有舊人走了新人來，就像日往月來，物換星移，這是很自然的事。有一天坐在我前面位置的同事突然離職了，真的是緣起緣滅，聚散無常。過一陣子就來了一位新同事，他就遞補在這個座位。經過與新同事聊天後，才知道他來上班前，就已考上司法官了，正在等受訓。他趁著等受訓的幾個月的空檔，來事務所學習兼消磨時間。他一來，引起同事們的側目，因為他不僅已考上司法官，而且是那麼年輕就考上了，確實是意氣風發，羨煞很多人。唐代孟郊的《登科后》曰：「昔日齷齪不足誇，今朝放蕩思無涯。春風得意馬蹄疾，一日看盡長安花。」可能最

能表達，一般學子金榜題名時，鬱結的悶氣風吹雲散，策馬奔馳於春花爛漫的長安道上，我相信他內心也一樣，這是多麼快活的一件事。

這位新同事就坐我前面，也許是，近水樓臺；也許是，臭味相投，我們彼此很有話聊。我們的話題，無所不包，可從當時的國際現勢聊到三國之爭等話題。我當然會問他是怎麼念書的，怎麼可以把書念得那麼好？尤其他當年在服兵役時就考上司法官，這是如何辦到的？他就從回答我那個話題開始說，然後一談，就聊到他當年是如何把班上最難追到手的同學變成自己的女朋友。我跟他，幾乎天天都有不同話題可以聊，每次聊天，他可以永遠保持很高的興致，娓娓道來。當時我們事務所除了老闆三位大律師之外，其他八位法律助理，就屬他是第一才子了。

時光飛逝，葉落紛紛，幾個月很快的過去了。我這位同事林永富將要離職去受訓了。離職前，他就一直鼓勵我去苦讀，準備參加律師高考，我知道他對我絕對是好意；但當時我內心其實沒有要考試的念頭，何況我也沒念書，怎麼奢望考取律師考試呢？我表面上沒有回絕他的勸說，但他也可能窺知我對考試意興闌珊，志不在此；孰料他並沒有放棄勸說我去考試。過幾天，他就交給我一份書單，是他用紙張寫得密密麻麻一串的法律書單五十幾本，隔週他又追加第二份書單給我約有六十幾本。他希望我全部買來讀，而且幾個月前就先報名考試，再一邊讀，並說不求第一年考上，也許第二年考上也不錯。對於他這份盛情，曾獲得諾貝爾文學獎的印度詩人泰戈爾，幫我說出內心話：「我的朋友，你的語聲飄蕩在我的心裡，像那海水的低吟之聲，繚繞在靜聽著的松林之間。」

我思考多日，改變能改變的，也接受不能改變的，我真的接受他的建議奮力一搏。也許明天我會在考場跌倒，但只要我付出，至少今天沒有蹉跎。我就將身上不多的餘款先買五十幾本來讀吧，讀了幾個月書還沒讀通，也去報名先觀摩了。為了將所有一百多本的書讀通，我辭掉工作，每天一人蹲在圖書館。從學校畢業、當兵退伍，然後去事務所工作，經過了這麼長的一段時間，真的繞了一大圈，我又回到原點要努力念書去考試。也許，命運之神是想對我開個大玩笑；也許，這是冥冥中的安排。我本微末凡塵，可當下定決心要準備考試時，可也心向天空。我每天醒來，敲醒我的應該不是鬧鐘，而是我對未來的夢想。

## 十三、參加讀書小組，終於考上律師

我的同事林永富（現為檢察官）他的女友陳宗吟（現為檢察官）剛好在籌組一個讀書小組，就約我加入，大約有十二人左右。我們約好每周六到台北市徐州路台大舊法學院見面。每次由小組中約三人左右做報告，其他的人發問，我們成員謝心味（現為律師）有一次請黃建榮（現為法官）騎摩托車來載我，我坐上摩托車後，他就猛踩油門往他的住家奔馳前去，到了他家一大堆的小組成員已經將他家裡都坐滿了。謝心味介紹說剛剛騎摩托車載你過來的黃同學，已經以第一名考上司法官，我回說難怪坐在摩托車上感覺「金光閃閃，瑞氣千條」，大家都笑出來了。

我對黃建榮的書房特別有興趣，除了天花板及地板之外，你看得到的空間都以裝潢充分利用，全部都放滿法律書籍，就像一個小型圖書館，這些書當然是買來讀的，不可能只是裝飾品。在眾人面前，我就直接問他：「你是怎麼準備功課的，怎麼那麼厲害，以第一名考上司法官的？」大家的眼睛都盯著他，看他怎麼回答。他雲淡風輕回我說：「沒什麼，我念書也是很用功。」旁邊一位同學補了一句：「當然人家是很用功，但也是特別聰明的」。大家聞言又轟然笑出來，但我確信，剛剛兩人的回話，所說的都是事實，別人的成功絕非偶然，比你優秀的人往往也比你還用功。

我們小組成員彼此也會交換資料及考情。我們小組每人手上幾乎都有一份各大學名牌教授在司法官訓練所或各大學的最新上課筆記。當然，能夠的話，最好把這些名牌教授最近幾年發表在各大學或著名期刊的論文全部一網打盡，那是最好不過了。

在考前，我常去中央圖書館及台大圖書館影印期刊資料。那時我的書房幾乎堆滿各種書籍、期刊及整理資料。考試當天，我不願帶一大堆的書本上考場，就算帶一大堆書籍，也來不及念了。我頂多帶了准考證、一本筆記本、一瓶水而已。

準備考試的日子就是朝迎晨曦，暮送晚霞，日復一日，只是那時所看到的晨曦晚霞，就是沒什麼感覺，你可以想像日子是多麼無聊。讀書時，圖書館不是天天有空位等你。如果，這間圖書館擠滿人了，就騎摩托車去換另一間圖書館，好像是塞外民族逐水草而居。所以台北市東區的每間圖書館我幾乎都去過。我的摩托車騎到哪個圖書館，哪裡便是風景。

當年律師考試，法律專業科目平均分數及中文論文皆必須六十分以上，這是基本門檻，沒有錄取率多少的問題。所以那時，你常會聽到很多人考了好多年還在考，這就不足為奇。我記得我考上律師那年，坐在我前面的一位考生跟我差不多歲數，他下課回頭跟我短暫聊幾句，並說坐他右邊隔壁的是警察局分局長，坐我右邊的是銀行經理，一定很厲害。我壓低嗓門回他說，他們應該都是來陪考的。他很驚訝問我，為什麼？我說他們一定很優秀，但年紀比我們大很多，專注力下降了。而且他們能夠當到那麼高位階的官員，批公文的時間比念書的時間多太多了，平時雜務纏身，能考上的都是奇蹟。他聽後笑了出來，直說我講的很有道理。

我們讀書小組成立後，第一次放榜後有幾個人考上了，例如蔡正廷（當法官）、陳宗吟（當檢察官），很幸運我也是其中一名。過了四、五年，其餘的同學也陸續考上了，只剩下幾名沒考上的就轉行了。考上的人，我是第一位出來執業律師的，其餘的都去當司法官了，我辦案時在法庭上還遇到過這些讀書小組成員蔡正廷、林永富、楊文慶等司法官。當然在法庭上是不打招呼的，但彼此對話之間那種感覺到底還是不一樣，有一種久別重逢的感覺。

# Chapter 2

# 法庭內、法庭外：執業律師的初心

## 一、第一次上法庭，就獨挑大樑辦大案

唐代李白〈胡無人〉詩曰：「嚴風吹霜海草凋，筋幹精堅胡馬驕。漢家戰士三十萬，將軍兼領霍嫖姚。流星白羽腰間插，劍花秋蓮光出匣。天兵照雪下玉關，虜箭如沙射金甲。雲龍風虎盡交回，太白入月敵可摧。」白話意思為，在寒風淩厲、大漠草凋之際，胡人又背著精堅的弓箭，騎著驕悍的戰馬來犯了。這時，朝廷派出威猛如霍去病一樣的將軍，率領三十萬戰士迎敵。將士們腰插著速如流星一樣的白羽箭，手持閃耀著寒光的利劍，向著戰場進發。朝廷大軍在玉門關與胡兵雪中激戰，敵人的箭像沙石一樣的射在我軍戰士的衣甲上。雙方爭鬥，經過多次的拚戰，戰士們奮勇殺敵，又有太白入月的吉兆，大家都堅信一定能夠打敗敵人。李白這首詩，對將士出征禦敵的情況，描述得非常寫真。而我初次穿律師法袍到法院開庭，其情形與將士出征的情況，著實無異，只是戰場及對手有別而已。

我考上律師之時，當時法律規定不用職前訓練，直接就可執業了。沒有人指導我執業，我就必須自己去學習了。這就像沒有少林高僧傳授武功，我就到少林寺旁，看

看別人是怎麼練功的？因此，我自己花了一些時間經常到法院旁聽，到了法庭，我選擇一些案件，挑一些資深律師在法庭的攻防對白，我當時覺得法庭的攻防有點公式化，跟好萊塢電影看到律師攻防的情節，真的有很大的差距，但其中也有不少資深律師出色的應對表達，讓我留下深刻的印象；也有律師在法庭的表現很拙劣，讓我不敢恭維。各行各業，應該都是如此，萬花筒的世界，哪有可能各個都是明亮傑出？

我當年剛出道執業律師時，先受僱於一家律師事務所。老闆是留美博士，他主要辦國外案件，幾乎下午五點才來上班，而我六點下班。他要我先辦國內訴訟案件。第一次上法庭，我跟著他去，第二次以後到結案，都是我一個人去開庭。我從無開庭經驗，也沒人在旁指導我，我只能自己將書本知識，及自己觀摩法庭所學，兩者融合在一起，馬上運用於實戰上。這有點像武俠片演的，你看過武林祕笈後，馬上要施展武功，面對強敵。

我真的是一招半式闖江湖，初生之犢不怕虎。而第一件的標的金額有數億元，對造有一、二百多人，每次開庭，對造的律師在法庭都坐了好幾排，有頭髮斑白的老律師、有跟我一樣年輕剛出道的律師，光是人數之多，就壓過我的氣勢。我是單槍匹馬出庭，與對造人數對比，真的有點冷清，但我盡量保持頭腦冷靜應對，從無畏懼。

法庭的攻防，需要靈巧冷靜的智慧，反應敏捷的思路，以及瞬間決定的應對能力。你若優柔寡斷，往往會招致失敗。法庭上律師需要有自控能力，不論你內心多麼焦急，外表上必須像平靜的池水一樣沉著冷靜。攻防的目的不是為了發揮雄辯的能力，也不是為了駁倒對造的律師，而是為了協助法官發現真實，進而說服法官接受主張，而獲得勝訴。

該案最後判決出來，我方勝訴，判決書像一本六法全書那麼厚。同事問我辦第一件案子的感覺是怎樣？我回他說：「我覺得自己好像剛考上汽車駕照，老闆就叫我自己開一輛大貨車奔馳在高速公路上，我有時驚慌煞車，有時一路猛踩油門。我似乎也學會了像老司機，一邊開車一邊吃檳榔、一邊哼歌、又一邊打瞌睡，最終有驚無險，人車平安把貨運到了。」幾位同事聽了，說這個比喻很傳神，聽了都哈哈大笑。

「緣起緣滅緣終盡，花開花落花歸塵」。人與人之間的相遇與離別，就如同四季一樣，剛剛驚鴻一瞥春天的奼紫嫣紅，剎那間，秋天的腳步，已經悄然接近。我在該事務所做了一年，就離開那裡了。

## 二、去補習班兼課，有不同體驗

李白寫的〈行路難・其一〉中有句：「欲渡黃河冰塞川，將登太行雪滿山」意思是說，想要渡過黃河，冰雪卻凍封了河川；要登太行山，但風雪又堆滿了山上，把整座山都給封住了，似乎左右見絀，行路真難啊。對我而言，當了受僱律師一年多即離開事務所，日後何去何從？對我而言，也是行路難。

我將心沉靜下來，開始思考下一步如何走出去？我原先考慮的是，希望找一家律師事務所，看看是否能多學一點不同的專業？但經過多方打聽，一般的大事務所，分工較細，若非長期工作，你想要學習整套專業似乎不易。而中小型事務所，會聘用受僱律師的，一般老闆都較忙，即使有人想教你，可能也沒什麼時間，就像我原先的事務所，我幾乎自己擬狀、自己上法庭攻防，很少與老闆有交換意見機會。若我再找個新事務所，可能也是如此，還是回到原點。因此，此時的我，已萌生自己出來開業的念頭。也許，野心已蓋過我的才華；也許，我阮囊羞澀，最壞的情況就是如此，不覺還有什麼可失去了。真的就是還沒成功，人就先發瘋，頭腦簡單向前衝。

為此，我就去拜訪一些資深執業律師、前輩及老師，想多方諮詢並聽聽他們的意見，結果沒有一個人支持我出來開業，我有一點失望。他們反對的理由，我歸納為兩點：一、為我剛出社會不久，沒有人際關係自然沒有案源。二、為我是個年輕小伙子，沒錢當後盾，很難支撐開業後的事務所開銷。其實我想想，他們說的都切中要害，也很有道理。我若要自己開業，必須突破這兩點，而我剛考上律師時，你很難想像，我口袋只有二千元而已，還不知下個月的房租在哪裡？要談如何自己出來開業？似乎有點不切實際，但我又不想放棄。

蘇東坡曾寫過一首名詩：「莫聽穿林打葉聲，何妨吟嘯且徐行。竹杖芒鞋輕勝馬，誰怕？一蓑煙雨任平生。料峭春風吹酒醒，微冷，山頭斜照卻相迎。回首向來蕭瑟處，歸去，也無風雨也無晴。」這首詩，表現出了內心掙扎的過程，但也體現了蘇東坡樂觀豁達的精神，正因為有過痛苦有掙扎，才使得豁達精神更加的難得可貴。我當時內心想要自己出來開事務所的內心掙扎心情，很類似這樣的情景，只是心境沒這首詩寫得那麼淡定豁達而已。但也許沒有人可以比我更了解我自己。我還是獨排眾議決定自己出來開業了。

窮則變，變則通。我嘗試去專辦高普考的補習班兼課。起初我找到一家補習班任教。一般補習班的潛規則是，你若教不好，學生反應差，你第二堂課應該就黯然消失在補習街了。但你若教得好又叫座，補習班會瘋狂的出高薪留住你。我當時心裡想，我上第一堂課的評價好壞，可能就決定我日後能否在補習班順利教下去的命運了，但我內心還是很淡定的，因為我自己對教書還是有幾分自信的。教書跟上台演講的道理是一樣的，我能掌握其中的奧妙之處。我事前略作準備就去上課了，我上課時，發現一班人數大約一百人。我不慌不忙看了一下大綱，接著就可以目視全場口沫橫飛，滔滔不絕講課。我能將最難理解又枯燥的法律內容，就像變魔術一樣讓它變得很生動又有趣的故事與畫面。上我的課，學生雙雙炯炯的眼神幾乎都盯著黑板看，課堂上不時會擠滿爆笑聲，沒有學生會趴著睡覺，因為我盡量讓上課變成一種精神享受。

在補習班上課說到底，不是要傳授什麼高深的學問，而是要如何協助學生在最短的時間順利考取高普考。這有點像你看電影《十誡》的情節，你就是要扮演學生考試的救世主，要像先知摩西一般，帶領他們的族人離開苦難的埃及，前往盛產果蜜的迦南一樣。我記得我常上完課時很多學生就包圍過來，問的問題經常一籮筐，不時驚動班主任，來驅散學生好讓我喝一口水及換來片刻的休息。下課時，班主任找我深談，希望我再加開別門課，當時我口袋真的很缺錢，但我沒馬上答應。那時補習班給我的鐘點費，算是很不錯的價碼。對我而言，算是多一筆收入，有點「青山繚繞疑無路，忽見千帆隱映來」的感覺。

## 三、努力工作，籌資開事務所

金錢能為你做很多事，但它不能做一切事。有人說，你如果把金錢當成上帝，它便會像魔鬼一樣折磨你。確實如此。我為了增加收入累積我的開業資本，我真的被金錢折磨了，只是那時我內心不覺得被折磨，且樂在其中。我在台中與台北之間，總計兼任四家補習班。高雄那裡不時有補習班邀請，但路途太遠了，我去教了一次，覺得太花時間，就不想再去教了。

那時台灣還沒有高鐵，除了坐火車外，就是開車。我雖然受雇律師一年多了，但身上還是沒多少錢，我為了趕場教書，只能湊足買了我生平第一部省油輕快的日系車，但在高速公路上只要深踩油門，我就覺得車身會晃，不夠穩，而我到處兼課，每天幾乎要在高速公路奔馳，所以那輛日系車雖然只開了三個月，但似乎不能滿足我的需要。因此，我去跟賣車的業務員反映，他就建議我換一部 BMW，很適合開快又相對安全。問題是我把身上的所有錢拿出來，加上抵掉那部日系新車，還不足六十萬元。業務員說要我影印律師證給他，他可以幫我做信用貸款，但我不願意。我就自己去找錢了。

我第一次去教書的那家補習班，曾邀我加開假日班，但我一直沒答應，我想這時我要出手了。在一次的上課時，我去找班主任了。我見面就直說：「主任，我找你談談你要我加開假日班的事情」，他回說：「張老師，你考慮怎樣？」我跟他開玩笑的說：「我們之間的合作關係有點像在談戀愛，為了你這棵樹，我已決定放棄一片森林了（放棄假日）」。他聽後哈哈大笑，知道我答應了。我馬上補了一句：「但我有個小要求，你先預支六十萬元鐘點費給我，方便嗎？」他二話不說答應了，有夠爽快，而且大筆一揮，開了一張一百萬元的即期支票給我，真的是「要五毛給一塊」。就這樣，我開了一部 BMW 新車奔馳在各大補習班之間。

我曾經在電視上看過一些介紹非洲少數部落的節慶，節慶當天，每個人幾乎會把平日保存在家裡的所有項鍊、手環及其他裝飾品全部配戴在頸部、手部或腳環之上，能戴多少就多少，那怕有多重。因為大家都想在節慶當天光鮮亮麗的粉墨登場，彼此歡聚跳舞、吃肉喝酒。那種場景就像李白〈將進酒〉所寫的：「烹羊宰牛且為樂，會須一飲三百杯。」、「鐘鼓饌玉不足貴，但願長醉不復醒。」這很像我們到夜店狂飲，不醉不歸的畫面，讓我印象十分深刻。我之所以會說上這段故事，是因為，我身上沒錢卻又開一部BMW的車子馳騁在高速公路，畫面似乎有點突兀。有人可能會問我當時是什麼感覺？我可以很直白的告訴你，那時我就覺得自己很像非洲土著，我將全身的家當戴在身上了，因為我全部的財產就是這部車。我唯一跟非洲土著不同的是，我開這部車不是去喝酒把妹，而是在高速公路趕場教書。此時讓我想起一首詩：「是夜樓台演唱君，卸妝入巷巷深深。時移斗轉曦光早，又見提籃趕場人。」那時的我，確實有幾分這種情境。

## 四、教書的日子，有付出也有收穫

法國軍事家拿破崙曾經說過，他之所以能戰勝奧地利人，就是因為奧地利人不知道五分鐘的價值，可見短短五分鐘也能決定戰爭的成敗。我每次上課幾乎準時到，不想耽誤學生五分鐘，除非真的路上大塞車。

老師準時上課也是提振學生上課的士氣之一。我有時遇到路上大塞車，車子還沒到補習班，就先電請櫃台在門口等，幫我停車，然後三步併做二步趕到休息室，簡單喝點果汁、牛奶，就上講台了，這似乎是「補教人生」的常景之一。我記得有一次，上課一時說溜嘴，說為了趕上課，還沒用餐。孰料，下課時好多學生買來漢堡、炸雞、盒餐、水果及其他好多食物，全部都放在講台要讓我享用。我眼前所看到的，真是出乎我預料之外。那時真的有一種「春種一粒粟，秋收萬顆子」的感覺，一股暖流直上心頭。不過自從那次之後，我即使沒有用餐趕去上課，我也絕口不提了。

元代有一首詩云：「功名萬里忙如燕，斯文一脈微如線。光陰寸隙流如電，風霜兩鬢白如練。盡道便休官，林下何曾見？至今寂寞彭澤縣。」這首詩大意是指，形容官場為了功名，像燕子一樣千里奔忙。那一脈文雅脫俗的傳統，已薄弱如同絲線。時間就像白駒過隙，飽經風霜的兩鬢忽然間已經雪白，仍無法清幽自在的情景。我為了到處趕場教書，確實有如燕子一樣千里奔忙，但教書只要將功課教好即可，無關文雅脫俗，也沒到飽經風霜的兩鬢忽然間已經雪白的情境。

我喜歡藍天白雲、山巒河谷、還有草原牧群。每天南來北往馳騁在高速公路上，風聲會從耳邊呼嘯而過，兩旁的風景不斷向車後退去，雖然沒有「江帆幾片疾如箭，山泉千尺飛如電」的景緻，但有時路過村莊、田野、片片的野花、肥壯的牛羊，這些互相組合在一起的畫面，會給人一種時間靜止的錯覺，而忘了辛勞。春去秋來，沿途中也可看到孤煙遠村或天邊獨樹，欣賞紅、黃、綠葉的顏色變化，景色之美相當令人著迷。所以，雖然我南北奔波教書辛苦，但我從中取得報酬、滿載學生的情誼及享受沿路的風情，我所得到的應該比付出的還多很多，我是作如是觀。

也許，人不輕狂枉少年。年輕就是不一樣，一身都是膽。那時我開車上課，不是故意要開快，但路上塞車是常有的事，為了不想遲到，稍微不注意就超速了，我曾經一個月收到六張的罰單。這讓我想起，早年我當背包客時，一個人曾經飛到加拿大旅遊，中途臨時又起意跑去租一輛車，然後深踩油門一路狂飆到美國，走馬看花玩了三、四個州，才又掉頭開回加拿大的情景，那時在美國開車的速度應該是最快了。追往事，比如今，真的不同了。現在，我開車上高速公路，有時會懷疑車速可能太慢，會被後車按喇叭。朝看水東流，暮看日西沉，日月窗間似過馬，這時你就明白，時間真的會改變一切的。

教書的日子，一幌已經過了好多年了，車子終究會折舊的，這中間已換了幾部車了，但是唯有當年那部 BMW，至今讓我最懷念。因為，回首千山我獨行的歲月，那部車曾經陪我闖蕩各大補習班，走遍天涯。

## 五、四處演講法律議題，利人利己

北宋官員張耒曾寫一首即景的詩，來告勉兒子，詩云：「城頭月落霜如雪，樓頭五更聲欲絕。捧盤出戶歌一聲，市樓東西人未行。北風吹衣射我餅，不憂衣單憂餅冷。業無高卑志當堅，男兒有求安得閒？」詩的大意為，月亮正在西沉，城裡積起了厚厚一層的白霜。五更時天未明，賣餅的小兒就手捧餅盤走出家門，沿街叫賣。這時，大街小巷十分冷清，不見人影，而寒風刺骨吹著賣餅的小兒和他的餅盤。此時，他擔心的不是自己衣薄寒冷，而是怕燒餅冷了賣不出去。職業無高低貴賤，但意志必須堅強。男兒要自食其力，豈能遊手好閒？這首詩描述古代賣餅的辛苦，真讓人動容，我相信即使是現在，像這種辛苦賺錢的人應該還是不少。我白手起家，雖然沒像詩中所寫的賣餅的小兒一樣，一早就要外出兜售餅，但創業惟艱，這點肯定是很像的。

我之前提過，我要自己出來開事務所，但既缺資金也欠人脈。我一個人從鄉下來台北打拼，兩手空空，什麼都沒有，哪有什麼人脈可言？因此，我得想辦法補強。我的方法就是到處演講、在報社寫專欄、上電視及在廣播電台談論法律問題。那時，我每天的行程都排得滿滿的，一天當兩天用，忙碌的工作，往往睡覺時才知道每天都很疲累，唯一的期待就是千淘萬漉雖辛苦，希望吹盡狂沙始到金。

演講可以傳播法律知識；也可面對很多群眾，推銷自己，真是利人利己。但是演講的工作也不容易，你的演講要引人入勝，否則誰要聽？我心想，你若想給別人一杯水，自己得先有一桶水。基此，演講前，我必須選題符合不同類別的聽眾需求，然而法律的內容一般是很枯燥、嚴肅的，因此我盡量以活潑生動的方式呈現，否則很難講得精彩。台上的幾分鐘、往往需要我們有豐厚的知識積累及事前充分的準備。這時你就知道，所謂「台上十分鐘，台下十年功」，確實是這樣的。

那時，我常到台灣的各縣市的一般民間社團、職業公會或政府單位演講，但考量車程往返，仍以在雙北市演講居多，但也應邀到高雄、宜蘭、彰化、雲林等偏遠地區演講。去較遠的縣市演講，清晨我就搭火車出門。能維持我到處演講的動力，往往是現場的人群熱情的回應。有時演講完，天已昏暗，此時只能趁著晚霞踏上歸程，這種一日往返的行程有如「朝辭白帝彩雲間，千里江陵一日還」。只是坐火車，迴蕩耳邊的不是兩岸的猿猴啼聲，而是火車的轟隆聲伴你疲憊的身影。到偏遠的城市演講，有時夜裡需投宿旅館，當暮色四合，萬家燈火亮起，這個時候僅能掏出手機，或打開電腦，消磨漫漫的長夜。遙想千年前的孤獨旅人，人在客棧，既無手機也沒網路，又當如何排遣愁緒呢？今古相比，我仍然比古人幸福多了。

人生的際遇千變萬化，當你時運不濟時，往往就會遇到「時運苟未逢，材藝棄如土。蘇秦空上咸陽書，韓信猶蒙裡兒褲。」相反的，我算是幸運了。那時有一家頗有名氣的《自立晚報》，我也曾應邀在該報寫專欄，但我常覺自己的時間不夠用，就經常在火車上擬稿，等下車時，已寫好幾份稿件交差。另外，那時有線電視台百花齊放，我的客戶有一些是有線電視業者，經常邀約我上電視談論法律問題，我還記得二、三十年前，我上一次電視節目，節目組會給我六千元的車馬費。後來我工作真的太忙了，就推辭沒再上電視了。

回首舊時日，如似一幅幅畫面飄過腦海，那些曾經屬於過去的繁華，都會隨漫漫時光而漸漸遠去。這時你就會覺得，不管你有過多少的奮鬥往事，都會有如渺渺的煙靄繽紛，從此，只愛看落日斜陽。

## 六、出來租房子，自己獨資創業

《子夏宅經》說：「宅以形勢為體，以泉水為血脈，以土地為皮肉，以草木為毛髮，以舍屋為衣服，以門戶為冠帶，若得如斯，是事儼雅，乃上吉。」這是一般找吉宅的要領，你可參考。我一開始設立事務所的地址是在台北市復興北路的中興百貨樓上，樓下有電影院，這裡人來人往，車水馬龍，很熱鬧。我會租在這裡，不是考慮這裡是不是風水寶地，會不會發大財？而是我找辦公室找累了，剛好找到這裡有間辦公室，而且租金不貴，我沒想太多就租了這裡。

我去找房東訂租約時，才知道房東是位一頭白髮年約六十多歲的歐巴桑。第一次見面時，我感覺她銳利的眼神就上上下下不停打量我，好像在評估我日後是否付得起房租似的；而且她一開口就問我是做什麼行業的？我回說是律師行業。她大概覺得我外表看起來太年輕了，居然問我說：「你真的是律師本人嗎？」我回說：「是啊，就是我本人。」在她的眼神還在半信半疑之際，我索性出示律師證給她看。她相信了，但竟然以輕佻的言語對我說：「你辦案靈不靈啊？這麼年輕就要自己開業。」我心想，天啊！我是來租房子，又不是要來辦案件，這位歐巴桑講話對我充滿挑戰的勁兒。

我姑且念她是位長者又是未來的房東，可不想冒犯她。我半開玩笑回她說，妳讀過《三國演義》嗎？她很有自信回我說，那是古典四大名著，當然讀過。我接著說：「凡讀過《三國演義》，大概都知道劉備當年剛剛拜孔明為軍師不久，孔明第一次調兵遣將指揮作戰時，張飛、關公都曾經當面質疑孔明的能力，這跟你剛剛對我的說的話，非常像。」房東聽我這麼一說，態度大為轉變，臉上馬上堆滿笑容回我說：「哇，你這個年輕人還真有兩下子，肚子果真有墨水啊。聽你這麼一說，我這老太婆一下子就變成張飛了。」我回說：「不敢當，我隨便說說，你就姑且聽聽，以後請妳多關照。」然後，我們邊說邊聊，就簽約了。這時我才知道這位歐巴桑原來是某大學的教授，難怪她對我講話的方式有點像在對學生上課。我跟她租了三年房屋就換地方了，不是她人不好，而是辦公室的空間已不夠用了。

我事務所開張之前，先去忠孝東路的一家印刷店印名片，因為我沒有印名片的經驗，就請教老闆要如何排字比較好看？剛好旁邊站著一位美女也要印名片，她就熱心主動提供我很多意見，我就採納了。當我欲對那位美女稱謝離去時，她卻叫住我，跟我說她是這棟大樓的管委會主委，可不可以到樓上一起喝杯茶聊聊？因此我就上去同她喝茶。她咨詢我不少法律問題，大概覺得很滿意，居然立馬欲聘我擔任管委會的法律顧問，這樣接案有如神助，有點不可思議。這是我事務所開張的第一位客戶，至今我印象仍十分深刻。

開張時，我收到很多朋友的祝賀花籃，送的人有不少是當年的同學或在圖書館一起苦讀的戰友。他們的花籃會署名某某地方法院某某法官或檢察官或某某診所某某醫師贈送等，可見當年那些戰友們，大多已位居要津，頗有成就。因為朋友送的花籃太多沒地方擺，幾天後，我就僱請貨車來回幾趟才載走大部分花籃，真的很浪費；還好，那些送花籃者的情誼，長留我心。

一般人談戀愛常會說，不在乎天長地久，只在乎曾經擁有。我開事務所不可能只在乎曾經擁有，當然希望長長久久。只是遙想當年草創事務所的過程，我尚未備妥一把劍，忽焉已江湖。轉眼間，又歷盡千帆，只是歸來，已然非少年。

# 七、執業律師，面對五光十色的社會

李白的〈將進酒〉說：「人生得意須盡歡，莫使金樽空對月。」曹操的〈短歌行〉說：「對酒當歌，人生幾何？譬如朝露，去日苦多。」黃庭堅的〈寄黃幾複〉說：「桃李春風一杯酒，江湖夜雨十年燈。」可見，自古詩詞往往離不開酒，酒與詩詞千百年來已結下不解之緣。酒，可以說是古代詩詞的催化劑。詩詞，往往就是一壺老酒的產物，酒與詩在歷史的長河中，豐富了我們的人生。你若是才高八斗的文人，你喝了多少酒，可能就留下多少驚艷的作品。

古人如此，現代人也差不多。只是現代人喝酒的方式與品味可能有所不同了。有人說，台北綺麗的夜晚，愈晚愈美麗，這樣的說詞有幾分反諷的味道。不過在夜晚，你如果走在中山區的一些街道巷弄，你就會看到整條街巷，幾乎都是喝酒的地方，酒館的招牌在夜晚不停閃爍發亮，特別奪人眼珠。哪裡有花蜜，哪裡就有蝴蝶。同樣的，有美女的酒館，同樣會吸引男人。只不過，來喝酒的人三教九流很複雜，唯一相同的是每個人似乎都在追逐人間一場夢一夜醉。只是在這裡，男人與陪酒女人的恩怨情仇每天都在發生，因而產生的訴訟自然不少，當律師的，多少都會遇到這種案件。

我開業的第二天，一位補習班老闆夥同幾位好友，說要請我喝幾杯小酒以示慶祝我開業。我的酒量敵不過我的膽量，但他們的好意我也不好拒絕。當日，天將黑時，他們就開車來載我，車子不時在大街小巷東來西去、迂迴曲折，最後就停在一家酒館門前。一進門，兩位穿著旗袍的美女上前欠身迎接，引領到了一間大包廂，多人分頭剛坐定，點了酒菜，一會兒幾位貌美如花的女子陸續進來，各個自動坐在每位男士旁邊。此時的你，何須舉杯邀明月以共飲？這些美女自動會陪你天南地北聊天、放歌縱酒，酒杯真正喝飲的是逍遙自在，快意人生。男人身處其境，想要百花叢裡過，片葉不沾身，其實是不容易的。如果道行不夠，就會像《西遊記》的豬八戒遇到蜘蛛精似的，會現出原形的。你若不相信，改天可以自己去試試看。

酒酣耳熱之際，坐在我旁邊的女子 突然走到我對面，向我的一位朋友敬酒。他們彼此原先就熟識，女子有點酒意走路稍有微晃，見到熟人真的就吐真言了。她說被她的客人也是男友告上法庭了，心情很苦悶，然後向我的朋友大吐苦水，我的朋友除了與她喝酒就是頻頻安慰，並舉手遙指著我說：「你有眼不識泰山，剛剛坐你旁邊的就是現成的大律師，你怎麼沒順便請教他呢？」那位女子露出不可思議的眼神看著我朋友，然後又滿臉困惑回頭指著我，並對我的朋友說：「你說那個戴眼鏡的是個大律師喔？我剛剛跟他聊天時，問他做什麼的？他跟我說他在開早餐店呢？怎麼一下子他又變成大律師了？難道我們這裡有孫悟空會七十二變？」我聽了覺得有點尷尬。眾人聞言，盯著我，然後又看看她，幾乎不自覺的同時哈哈大笑。這時感覺她頓然酒醒似的，三步併做作兩步，又急速坐回我身旁，然後對我說：「大律師，我的活菩薩，你不要再開玩笑了。我剛剛一看就知道你不是什麼開早餐店的，只是我不好意思說出來。你今天要顯顯靈救救我。」眾人聞言又一陣哈哈大笑。經過交談，原來這位美女被男友包養一年，彼此約定男友先送她一間豪宅，按月又給她二十萬元，但女子答應在一年內懷孕，幫她生個娃兒。而在此期間該女子表示沒吃避孕藥，但一年過後，就是沒懷孕。男子想不開竟然對她提告詐欺。這種案件不必問律師，你用用膝蓋想也知道，詐欺罪是不可能成立的。因為造成女子不懷孕的原因何其多？男子若無法舉證女子確實是意圖騙他的財物，又故意吃避孕藥讓自己不懷孕，那麼男子所告訴的詐欺罪是很難成立的。我跟那位女子如是說，請她放心，應該不會有事的，但她就是不放心，堅持要委託我辯護。你想我本來是跟朋友來喝杯小酒的，尚未盡興中途竟然變成來辦案件的。

我跟那位女子只是萍水相逢，彼此卻皆有「斷橋流水來者誰，兩轡相逢各驚喜」的感覺。本案法院最終的刑事判決，一如我原先告訴她的，她真的全身而退。也許她真的喜出望外，除送我一支名筆外，又說要免費招待晚上我去酒廊喝酒。我回她說，筆我收下，但酒廊我就不來了。她很疑惑的問我，我是不是嫌她們的酒廊姑娘不夠美而拒絕？我回說：「絕對不是，剛好相反。就是因為你們這裡的姑娘個個身輕如燕，貌似嬋娟，美得讓人不放心，所以我才不來。」她聽後回我說，你說話還真幽默，然後不禁哈哈大笑。

唐朝失意才子杜牧，若是重新投胎在今日，我想他肯定喜歡晚上去酒廊徘徊喝小酒的，你看他曾寫了一首千古名詩：「落魄江湖載酒行，楚腰纖細掌中輕。十年一覺揚州夢，贏得青樓薄倖名。」這應該是他當年在酒館，酩酊大醉之後，快筆寫出的極品。

# 八、一招半式闖江湖，從事很挑戰人性的工作

「身學六法走江湖，是非對錯不馬虎。行俠仗義開大路，敢叫鬼神都折服。」這是當年我還是年輕小伙時，在事務所開業的第一天，信筆塗鴉寫在台北律師公會送給會員手冊的第一頁。我現在拿出來再次讀閱當年所寫的詞句，覺得年輕時渾身都是熱血。試問，哪個年輕人出來闖蕩，不都是這樣？既要有沖天之志，也要有敢向上天叫陣的勇氣，年輕就是不一樣。

話說，我第一年開業的過程，是人生完全不同的體驗。我自己當老闆了，這意味著我凡事要自己做決策，自己享受一切努力的成果。相對的，我也要承擔一切風險與責任。剛開始執業，我不曾想過我要賺多少錢？每月的收入，只要足夠我所有的開銷，我就很高興了；若有盈餘，就覺得有如兩軍交戰之際，我軍意外獲得糧草一般，讓我喜出望外。

我在台北沒有什麼人際關係，也沒有資源，我辦案就像是一位年輕的俠客，手持一把鈍劍，一招半式闖江湖，一路不知經歷多少驚濤駭浪，卻大多能讓委託人屢屢化

險為夷，既刺激又驚險也很有趣，並且逐漸在業界闖出一片天空。我至今仍然記得我開業的第一個月，所有接的案件，好像是突然從天而降似的，應該都是上天的恩典。那個月所有收入扣掉所有開銷，我還記得盈餘為二十一萬元，超出我預期。一位從法官退下來幹律師的學長，對我說，你沒有什麼強勢背景，開業第一個月就能有二十一萬元的盈餘，那是好兆頭，也是很好的成績了，他並對我說我事務所的業務以後肯定一路長紅；可是那位學長一定不知道，我是報喜不報憂，因為那時我身上總存款，若加上那盈餘的二十一萬元，總計才二十八萬元。這時你可能會為我捏把冷汗，區區七萬元，隨時可能斷糧，我是從哪來的自信，膽敢羽扇綸巾，淡定自若。

我那時每天的行程，其實是很緊湊的。白天要跟當事人商討案情，要擬書狀，要接電話回答各種法律咨詢，接著要上法庭唇槍舌戰。退庭後，就趕回事務所為下個案件做研究準備。我晚上仍然在幾家補習班高考班兼課，所以有時在法庭辯論後，就必須驅車直奔補習班，一刻不得閒。上台講課時，身分馬上就從律師變成老師了。講課時我整個人活像一條龍；但下課時，回家躺在床上就像一條蟲，你就知道那時到晚上體力幾乎耗盡了，而且頭頸僵硬，不是腰酸就是背痛。有一位補習班老闆，很體貼，在上課前，親自開車來我事務所載我，我一跳上車子，就在車上享用他幫我買的一個數百元的日式料理便當。其實，我在上課前，不喜歡吃太飽，也沒想要吃多好。上課前吃太飽，頭腦會像草包，但畢竟這是班主任的好意，我還是多少吃一點。

我接的案件，大多是經人介紹來的。客人中，有當官的、有巨商富賈，有市井小民，當然也有黑道人物，反正來的客人，就是五湖四海，三教九流，什麼都有。開業後的頭幾年，儘管我的律師同道已普遍認為我在律師專業領域表現不俗，但幾乎沒人知道，其實我內心不但很不適應這個律師工作，而且還很排斥的，我甚至常在想，若時間可以倒流，人生可以重新來過，工作可以另行選擇，我肯定不會想再選擇律師這個行業了，我說的真的是我內心世界的想法。

為什麼？因為我發現我的個性其實跟律師的工作格格不入。我們的教育與法律要求我們律師要誠實，要追求公平正義，但接案時，常遇到當事人跟你講的，常有保留，往往上法庭攻防後，就會發現事實並非如此，但他已付你律師費了，你拿人錢財可要替人消災，若你昧著良心幫他胡說八道，其實是跟正義相違的。若你不幫他辦案，你當初就不應該接這個案件，但案子已進行到中途了，也有可能已到尾端了，情況會讓你進退兩難。再說，在法庭攻防，你不時會發現，對造律師所說的，跟你手上持有的證據完全抵觸，但他可以口沫橫飛亂掰一通，有如夜市賣狗皮膏藥的「王祿仙」，這時我內心就會產生疑問，一個案件律師能賺多少錢？就算有些大案件能賺很多錢，律師也不需要這樣出賣自己靈魂吧。這時，我在法庭上雖然仍舊像一位江湖劍客攻防自如，但我見所聞會讓我很不舒服，我內心甚至會鄙視我的對手，也厭惡這種律師工作。所以我長年累月辦案時，其實經常在天使與魔鬼之間選邊站，你說這是不是一種人性煎熬？

因此我不時告訴自己，當我迷失在自我應扮演角色時，其實不知不覺當中就很難找回自我。我不知你所從事的工作是不是也如此？西方文學家蕭伯納說：「生命的道路，在於把地獄變成天堂，把人變成上帝，在那苦難的山谷裡點燃一盞萬年燈，普照大千世界。」這個目標太遠大，要達成好像也不容易，但至少你我可做到，人活著要看活著有多大意義？而不僅是希望活多長而已。

## 九、律師辦案，與醫師看診方法類似

中醫看診一般採用「望、聞、問、切」之法，即透過視覺、對話、觸覺、嗅覺等方法了解病人症狀，此法已延用了數千年。西醫看診之方法更多元、更科學；兩者共同目的都是想找出病證，能夠對症下藥。律師辦案亦然，辦案之前要了解真正的事實及支持事實的證據為何，同樣希望能抓住問題及開出良方。

律師接案每天接觸不同類型的人，客戶有的要告人的，也有是被人告的。例如有要告土地被侵占的；有要告對方違約賠償的；有要告股東會決議無效的。案件類型，十分繁多，不一而足。若是角色互換，他就是被告了。一般我辦案會要求客戶先備齊相關文件，然後請他一邊解釋案情，我一邊聽案一邊檢視文件，了解他的說詞及文件的可用性。這兩項做完，大致可了解訴訟對他的利弊得失如何？訴訟中可能面臨的攻防又是什麼？更重要的，我會站在法院的立場，評估訴訟的結果是什麼？而不是「不識廬山真面目，只緣身在此山中」，單方面的自我感覺良好。

如果委託人說的是事實，證據是沒有瑕疵的，大多數的案件事先可以評估勝敗機率。但，即使我內心評估他幾乎會贏，我也絕對不會跟委託人說你一定會贏之類的話。有些案件，可能會敗訴，若仍有一絲希望，而當事人又不想放棄，這時才有可能承辦，但事先都必須跟他溝通清楚敗訴的可能機率。如果評估結果，是不可能勝訴或勝訴機率極低的，就像中醫說的「無方可療相思病，有藥難醫薄倖心。」我就直接挑明說，拒絕接案了。遇到這種案例還不少，哪怕當事人三顧茅廬來折騰，我還是婉轉拒絕。

有時客人會怒氣沖沖對我說，我要花大錢請你辦案，你幹嘛那麼執著不接呢？這種類似抱怨的話，還不少。我還記得一位八十多歲的老先生，有點錢、架子不小，脾氣更大。我不接他的案件其實就是他明明教唆傷人，但他不認錯，還要告人。任憑他怎麼說，我就是婉拒接案，他說不動我，竟然拍我桌子拂袖離去，事後還在外抹黑我，說是我求他辦案被他拒絕了，與事實完全相反。幹律師這行，心理素質就是要好，否則你常會不開心。你想想，長年累月辦案累積有多少，辦一個案件至少有一個對立的當事人或律師，法庭激烈攻防，試問有幾個人會喜歡？別人對你不爽，隨便黑你兩句，那肯定是在預料之中的。所以我自己開庭或是指導新律師時，經常會告誡自己及新進律師，有幾分證據就說幾分話，不要沒證據，看到黑影就亂開槍。言詞攻防，更切忌人身攻擊，不可以情緒性的言詞來代替舉證。你胡說八道不僅對案情沒有幫助，也等同低估法官的辨識是非能力與智慧。再者，禍從口出，亂講話最容易惹來對造不快，也容易捲入糾紛，應以為誡。

清，李叔同，民初入寺為僧，即弘一法師。多才藝，編歌演劇、作畫、治印，無所不擅。曾作〈戲贈蔡小香〉，詩曰：「願將天上長生藥，醫盡人間短命花。自是中郎精妙術，大名傳遍滬江涯。」寫的是希望有「長生藥」醫盡人間「短命花」。我身為律師，有如社會醫師。凡入我事務所者，雖非「短命花」，但十之八九皆為法律疑難所困，或為訴訟所苦，我雖無天上「長生藥」，但想要醫盡人間「短命花」的心態是相同的。面對每位當事人的每件困難的案件，總是希望讓他有個圓滿結果。我面對每件客戶委託的案件，不管案件大小或律師費收的多寡，我真的都希望讓他們最終體會到「誰曰華佗無再世，我云扁鵲又重生」。

## 十、訴訟案件，力勸當事人盡量和解

「宜將剩勇追窮寇，不可沽名學霸王。天若有情天亦老，人間正道是滄桑。」這首詩，其中「天若有情天亦老」這句是唐朝詩人李賀的原始創作，其餘句子為國共內戰時，毛澤東占領南京時所寫的；而這首詩的精華應該是「宜將剩勇追窮寇，不可沽名學霸王」這兩句。意思是說，打仗要趁著占上風之時拿出剩餘勇氣，去追打落敗奔逃的敵人，不能學楚霸王項羽那樣子，貪圖虛名而放走敵人，最終導致自己的失敗。

我的事務所從開業後，在我努力的耕耘下，案源似乎每月逐漸增加，對於所接案件，若能事先和解，我就嘗試和解，和解不成，就上法院，當雙方打官司爭得你死我活，即使我方占上風，也絕對不會一路窮追不捨。如果訴訟雙方能各退一步，協商取得和解，則「度盡劫波兄弟在，相逢一笑泯恩仇。」也未嘗不是美事一樁。

《孫子兵法》說：「百戰百勝，非善之善者也；不戰而屈人之兵，善之善者也。」意思是說，百戰百勝，不能算是最好的；不必血戰就能使敵人屈服，才是最完美的戰略。打官司似是打仗，道理也是一樣的。想打仗，「兵馬未動，糧草先行」；打官司也一樣，聘請律師也是要花銀子的。因此有些糾紛不必打官司而透過和解處理，既可省掉打官司的花費又可省去勞心勞力，不失為好辦法。和解處理糾紛的速度，相對比打官司來得快，而且可以避免雙方「撕破臉」，也算是「不戰而屈人之兵」了。

我舉一案件說明。有一位女士欲委託我告他的前男友過戶房屋產權及交屋，待該女士簽了委任契約也付了律師費後，我再跟她閒聊時，始知其前男友已癌末住院。我即建議該女士不如去醫院探視他，也許透過和解即可達到目的。委託人原先拒絕我的建議，後經我力勸始勉強接受。我並告訴她，去探視她的前男友時暫時不要提起過戶房屋產權及交屋之事，我並將律師費退還給她，但她推辭多次很勉強才收回該款。後來根據她的回報，在她第一次到醫院探視，她的前男友看到她出現時，顯得特別激動又高興也很羞愧。在她第二次又去探視時，她的前男友已主動約來代書並簽好文書及交付產權相關文件了，這意味的是「不戰而屈人之兵」了。不幸的是，待她將產權辦好後不久，她的前男友就過世了。這時你就知道，不論從經濟、和諧及效率等各方面的角度來考量，我給這位委託人的和解建議是對的，而且她能接受建議也是成功和解的關鍵。她為了答謝我，仍然十分堅持要付我原先的律師費。

我辦的案件能和解就和解，不能和解的，兩軍就直球對決了。訴訟中，我給當事人的建議就是「我們絕不因恐懼而談判。相對的，也絕不懼怕談判。」可是，有些刑案被告若沒和解，法院一般是不會輕判或不給緩刑的。當然我也聽過一些當法官的同學說，若他們遇見風評不好的辯護律師，一般也不輕易判被告緩刑，因為擔心該辯護律師去向當事人撈錢，而法官卻是自己背黑鍋。刑案被告一般談判和解，相對處於劣勢，這時談判和解真的需要費一點心思與功夫了。因為和解不是憑空會從天上掉下來的。是否成立和解，涉及到對方的意願，更重要的是你願意給付多少和解金，可能變成最關鍵的因素了。你上法院打官司要有基本認知，不論民、刑案，最終要處理的大部分就是「錢」的問題。這又驗證了，錢雖然不是萬能，但沒有錢是萬萬不能的事實。當然該案件和解能否成功，當事人對我有無充分的信任與授權，讓我有很大的發揮空間，也是和解能否成立的重要因素。

有些案件歷經多次的協商，但就是不成功，因為有偶然的臨門一腳，才促成和解。我舉一例說明。話說，有五位合夥人皆具黑道背景，因開公司財務糾紛而訴訟，其中兩位是我的當事人。在某次訴訟退庭後，我在法庭外與對方三人閒聊，並力邀他們來我事務所協商和解。五人見面談了一兩次皆無進展，最後一次雙方吵起來，對方一人居然與那兩位當事人怒目相向，而且連拍桌子咆哮不止。那時我見狀，很不爽的說：「X你娘。我是好心才邀你們來談和解的。你們不和解，官司就可能一路打到最高法院，這樣律師可以賺得更多錢。來我這裡談和解，雙方有不同意見很正常，不要動不動就拍律師的桌子。」我這麼一罵，瞬間會議室的空氣幾乎快凝固了，五個人聽到律師這樣罵人似乎都遭受驚嚇似的。拍桌子的人立即向我道歉，雙方彼此又安靜下來重啟協商，頓時氣氛居然和諧多了；而且很快地，雙方都互相讓步瞬間達成和解了。這時拍桌子的那位先生突然掏出一個紅包，說今天他現金帶不多，裡面只包了十二萬元，為了剛剛拍桌子失禮，要送我一個紅包。我見狀笑笑回說：「你真的很大膽。剛剛沒經過批准，就拍我桌子。現在更大膽，也是事先沒經過我批准，居然就要送我紅包。」五人聽後，頓時哄堂大笑。我這時補充說，我也是凡夫俗子不可能不愛錢，但這個紅包我就是不能收。結果雙方推來推去好多次。我的當事人說：「張大律師你就收下，你若不收下，他們三人會覺得很沒面子，這比被火車輾過去還痛苦。」我笑說：「有這麼嚴重啊！」他們五人又笑出來了。我說你們剛剛都和解了，公司繼續經營。你們五人若不嫌棄，不如你們公司就簽約聘我當長年法律顧問，剛剛的紅包就轉做長年顧問費，我們彼此扯平不相欠，我覺得比較痛快，如何？五人聞言欣然同意，算是皆大歡喜。

## 十一、案件辦好了，放棄收取律師費

很多年前，有數位大陸同胞透過一台商委託我辦一件在台繼承案件，部分繼承人為在台同父異母兄弟。繼承的標的，根據遺囑顯示是在北部某個市區的一塊不小的建地，只知有數個地號，實際地址必須在台繼承人告知或申請指界才知道。因委託者無能力付律師費，遑論打官司委託人另要付大筆裁判費。因此我只能就委託者給我的遺囑及有限的資料去了解其它繼承人為何？以及如何透過協調，達到與訴訟勝訴相同的目的。

經過冗長歲月的搜尋及不斷與所有繼承人無數次協商，最後也是最關鍵的一位繼承人出現了。沒有他的配合及簽名，前面所有協商，仍是前功盡棄。他是一位身軀幾乎九十度駝背者，走路起來，有幾分類似「秘雕」的身影，我到現在印象還很深刻。我跟他單獨協商數次，最終他不僅在協議書上簽名，甚至將好多張的土地所有權狀都交給我了。這表示，大陸及台灣的所有繼承人全部一致授權我將所有土地賣了平均分錢。

事後，我請這位駝背先生，帶路去看土地，我到現場一看，土地非常大又方正，位在大馬路旁，是建地，應該很值錢。但，土地上有一座很大又老舊的靈骨塔，裡面住了幾百位先人，後代子孫很多不詳。我問這位駝背先生，這些靈骨要如何善後，他說很難。我說，若不善後，土地就不適合賣出，因為根據他的解釋，其父親即被繼承人生前就是受委託保管這些靈骨者，其父親過世後，由這位駝背先生繼承管理，歷經幾十年了。我知道後，心裡有數了，這裡的土地只要靈骨塔沒處理好，是不應出售的，因為出售了，試問這些靈骨的主人要住哪裡？何況，照理當初他們的家屬是根據與被繼承人的契約約定住在這裡的，若未合理安置而貿然出售，顯然違反契約之約定。

我考量再三，最終將我的想法，通知在大陸及台灣的所有繼承人，雖然剛開始他們對於我要放棄出售的決定有點猶豫及不捨，但我最終仍將這些所有權狀全部還給這位駝背先生。當初，所有繼承人一致主動承諾，土地賣了就給我八位數的律師費，但我還是放棄了。經過一、二十年，這塊土地應該更值錢了，但我從來不後悔我當初所做的決定。

# 十二、敗訴當事人，想對法官丟石頭

唐‧許渾詩云：「失意歸三徑，傷春別九門。薄煙楊柳路，微雨杏花村。牧豎還呼犢，鄰翁亦抱孫。不知餘正苦，迎馬問寒溫。」這首詩說的是，詩人自己於科考名落孫山回到蒲城的家裡後，感受到鄉親的溫暖感受。可見，人生不如意，十常八九。打官司也是一樣，有輸有贏。沒有人，頭頂上的天，永遠是蔚藍的；也沒有人，腳下的路，是一生平坦的。重點是，遇到困境，不能迷失方向。所有的過往，如同白雲飛逝，切勿遇到失意，就傷人傷己。

話說，幾年前，我幫一位當事人辦了幾件案件，除了一件敗訴之外，其它的案件都順利獲勝。對敗訴的這案件，當事人認為法官問案態度不好，判決不公，一直耿耿於懷。

事經二年多，我突然接到他的來電，告訴我，他剛好在爬山，發現遠方爬山者，就是當年判他敗訴的法官。他跟我說，他想拿石頭從後面丟法官，一解長期心頭之恨。我趕緊口頭勸說，告訴他，你千萬不要魯莽行事，你若丟準了，石頭砸到後腦，萬一法官死掉了，你就變成殺人犯；若砸不準，可能就犯殺人未遂罪，隨便犯一條，都要抓去坐牢，你想想這後果多嚴重？一旦你被抓起來，你身上的財富都無法享受，而且其它可怕的後果還很多，你要想清楚喔。

他聽我這樣勸說後，語氣變緩和了，他回我說，我的氣還未消，怎麼辦？我說，你先下山再說，最好現在就來事務所，我請你一起喝茶吃飯聊天解悶，孰料他就掛掉手機，不知後來如何？約一個小時後，他就出現在我事務所，那位法官終於逃過一劫。

所以，無論遇事多麼艱難，都要學習放下。願你做一個內心明亮的人，堅定地走出困難。

## 十三、人生無常，常為當事人寫遺囑

宋．蘇東坡的《江城子．乙卯正月二十日夜記夢》：「十年生死兩茫茫，不思量，自難忘。千里孤墳，無處話淒涼。縱使相逢應不識，塵滿面，鬢如霜。夜來幽夢忽還鄉，小軒窗，正梳妝。相顧無言，惟有淚千行。料得年年腸斷處，明月夜，短松岡。」蘇東坡與妻王弗，二人恩愛情深。可惜天命無常，王弗二十七歲就去世了。蘇東坡是在夢見自己的愛妻，傷心感慨之餘寫下了這首千古名詞。人生就是這樣，對於生老病死，有著太多的無助和憂傷。律師有時在為當事人寫遺囑時，多少可以感受到人生的無常。

我幫過不少當事人寫遺囑，印象最深刻的一次，曾有一位小姐來委託，說她的父親癌末病危，隨時可能死亡，希望我到醫院幫他寫遺囑，我問她的父親是否意識清楚？能否表達完整意思？她說有時昏睡不語，有時可以說話，病情好壞起伏不定。我告訴他，他的父親必須意識正常，我才能代筆遺囑。

我們約好時間到醫院，她的父親知道我來了，居然可以起來走動，並客氣跟我打招呼。我開始跟他閒話家常，他談笑自如，我隨機問他一些問題，他對答如流，同時我請她們子女，當我與他的父親對話的時候，即開始錄影錄音。我隨即導入遺囑主題，發現他表達意思很明確清楚，與常人無異，跟她的女兒昨天跟我講的病況有很大出入，所以寫遺囑過程非常順利，連她的子女們都覺得很意外，他的父親的病突然痊癒似的。

幾天後，我接到她的女兒來電告知，她的父親已經過世了。我才意識到，數天前，我見到她的父親時，即是所謂的「迴光返照」現象。生離死別，就是很殘酷的人生。

## 十四、不辦明知不會勝訴的案件

清代，有一販騾馬的商人，重信譽、講義氣。他的商號裡，掛有他寫的一首詩：「商行千里利在前，量資輕重最為難。貿遷有無應知義，不做陶朱做計然。」說的是他「廢義無利，以義生利」的經商理念，他堅持信譽第一，不做坑蒙拐騙、損人利已的買賣，因此他在騾馬商中有很好的口碑。經商固然要盈利，但：「金有一分銅鐵之雜，則不精；德有一毫人偽之雜，則不純矣。」律師雖然不是商人，但辦案應該也是與經商之道相同。

曾經有父女二人來找我辦案。來事務所時，父女帶來二個大的旅行箱，裡面是從地方法院打到最高法院的全部民事卷宗。他們說，案件已三審敗訴定讞，並已提再審之訴被判決駁回，想委託我從地方法院重新再提起訴訟。我即從旅行箱翻找出幾份判決書及相關的文書讀閱，並不時詢問他們問題，約幾十分鐘後，我告訴他們，該案應該沒有再重新起訴的空間，因而婉拒接受他們委託。父女二人情急回說，不管如何，他們就是想再起訴，要花費多少律師費，都不是問題。

我告訴他們，真的沒再起訴的空間，因而婉拒。我隨即告辭轉去法院開庭。約二個多小時後，我回事務所，驚見這兩位父女仍在會議室等我。女子的父親開口說：「張大律師啊，你就再說個不接案的理由，我服了，我們就走，否則請你就辦吧，律師費多少，你就盡管說。」

我回他說：「你們來找我辦案，只要有一點贏的機會，我當然也想接案；但你的案子，從專業角度來判斷，不能再起訴，我若接案了，狀紙根本寫不出來。我自己接的案件，自己都無法說服我自己，試問我如何去說服法院呢？再者，一旦受你委託，你要花費不少裁判費及律師費，上了法庭，我卻沒有一些發揮的空間，拿你這個律師費用，感覺就好像在騙你的錢，很沒尊嚴。其它的理由，我就不說了。」

父女兩人聽我解說之後，就沒再多言，向我欠身致意，我即親自送他們到電梯離去。我還是奉行君子愛財，取之有道也。

# 十五、兒子告媽媽，接受我建議撤回起訴

元．王冕詩云：「燦燦萱草花，羅生北堂下。南風吹其心，搖搖為誰吐？慈母倚門情，遊子行路苦。甘旨日以疏，音問日以阻。舉頭望雲林，愧聽慧鳥語。」此詩白話的大意為，金黃燦爛的萱草花，生長在母親居住的北堂旁。南風吹拂過它們的花心，花兒搖擺，是在為誰吐露芬芳？慈祥的母親倚門盼望孩子回家，遊子離家遠行的路程更加辛苦。以美味食物奉養雙親的機會越來越少，彼此之間的音訊也越來越難被傳達。抬頭遠望白雲與樹林，聽見的鳥兒思念母親而發出的啼聲，自己真覺得慚愧啊。這首詩寫出母子深情，人倫之愛。但若母親未盡照顧之責，母子關係就會產生惡劣的變化。可見血緣雖然很重要，但絕對不是萬靈丹。

話說，多年前有一約二十多歲年輕人，持其父親的遺囑及房屋權狀來找我，聲稱其父生前之房子被其生母占領，其父之遺囑要求他將房子之所有權及房屋要回，想委託我承辦。我面有難色告訴他，你要告你母親，傳出去，你以後會很難做人，不太適合！他回說，律師你若了解我的身世，你就不會這樣說了。喔？他接著說，自從他一

出生之後，就不曾看到母親，整個成長過程，母親不曾來看過他，遑論照顧過他，他從不知母愛的感覺是什麼？他只是想照他的父親遺囑辦事，我聽後對他的身世很同情也感概萬千，但話說回來，畢竟他要告的人是自己的親生母親，因此我沒貿然接受，請他回去多想想，並建議他可否待他母親百年了，房子自然可以收回來。但他並不放棄，希望能履行對父親的生前承諾，因此前後來找我好幾次，最後一次，我告訴他，那就勉強試試，但上了法庭，你母親若很堅持產權不過戶也不搬家，你就退讓如何？他接受了。

第一次上法庭他跟我一起去，但是選擇坐在人多的旁聽席，希望他母親不知道他在現場。開庭後，他母親出現了，這是他第一次親睹他母親，我想他內心一定很不好受。我陳述完後，法官問他母親有何答辯？她不做任何答辯，只是跟法官哭喊，說她好可憐，指著旁聽席的兒子（他居然一眼可以認出來），說他這個兒子不孝，她被兒子告了，她不想活了，然後就衝到法官席前要撞頭，被庭務員急忙制止，然後又哭又喊，根本很難開庭；法官事先讀過狀紙，知道事情來龍去脈，因此對她的哭喊反應很冷淡，並對他的母親說，你若有何答辯回去寫狀紙上來，千萬不要哭鬧，說幾句後，就改期了。

退庭後，我看這位年輕人情緒受到波動很大了，畢竟對方是他的生母。他問我官司會不會贏，接下來怎麼辦？我回他說，下次你母親的反應應該會跟剛剛一樣，但官司最後還是會贏，只是贏了，房子你應該拿不回來，他問我為什麼？我說你母親剛剛的情緒反應顯示她不想搬家，你最後縱然告贏了，還是要聲請法院強制執行，你母親剛剛在法庭的反應已經很強烈了，若到時要強制執行，反應可能會超出你想像，你承受得了壓力嗎？接著他說不出話了，神情很難受。我就在法庭走廊陪他坐一會兒，許久，他開口問我，律師你有什麼建議嗎？我說你已經替你父親辦事了，算是對你父親有交代了，至於房子的事，我還是跟以前一樣建議你不要告了，雖然你母親這輩子未盡母職有負於你，但畢竟你是她親生的，她對你還是有大恩的。我還是老話一句，等你母親百年了，除非她事先賣了，否則房子自然還是你的，他沉默片刻回我說，律師就照你的建議辦吧。三天後，我就代他具狀撤回起訴。

母子的血緣是至親了，但這案例顯示，母親若從小拋棄小孩不管，至親的血緣關係，也不能保障你會獲得子女的敬愛與孝順。

# 十六、為爭取當事人權益，激戰法庭

清．鄭板橋之〈竹石〉詩云：「咬定青山不放鬆，立根原在破岩中。千磨萬擊還堅勁，任爾東西南北風。」這是一首托物言志的詩，通過對岩竹堅韌頑強特質的讚美，以表達鄭板橋自己清高性格，及恥於折腰之鐵骨錚錚的骨氣，很值得欽佩。其實從事律師工作，在法庭辯護遇到的困難也不少，有時面對強勢的法官，若意志力太夠薄弱，沒有堅持立場，當事人的權益就有可能受損，後遺症不可限量。

話說多年前，我曾幫一位當事人辯護，她因涉偽造文書案件，在第一審被判二年有期徒刑。第二審請我辯護，在交互詰問時，最關鍵的是一句話，即告訴人回答我說，確實有口頭授權被告填寫文書，憑這句話案件幾乎可翻案。但審判長卻說告訴人不是這個意思，要書記官刪掉記錄，我當場表示異議。但三位法官一致跟我說，告訴人確實不是這樣說，惟我堅持有聽到告訴人是這樣說，並說書記官一開始也是這樣記載，我並要求當場播放錄音帶比對證詞。

但審判長竟然不同意，跟我講了很多話，他的意思為沒有必要聽錄音帶比對。我回說，審判長若不當場放錄音帶比對，則我請書記官記明，辯護人主張告訴人確實承認有授權被告乙事，辯護人曾當場請求審判長播放錄音帶比對，但聲請遭法院當場駁回云云。但審判長又不同意，希望我不要堅持如此記載，我回說，若我不堅持立場，這位當事人肯定不久就會被抓去坐牢了。

整個早上法庭氣氛很僵硬，面對年齡總和約逾二百歲的三位百戰沙場的資深法官，我忘了壓力與退縮，前後在法庭折騰了約三個小時的冗長拉鋸，最後法院跟辯護人各退一步，即法院願給該當事人一次自新機會，辯護人不堅持要求記載前揭筆錄，判決出來，法院確實接受我的請求，給予被告緩刑機會，當時若我沒堅持立場，這位被告肯定被抓去關了。

我一走出法庭，被告眼眶已濕潤跟我欠身頻頻答謝，但我卻無心回應，因剛剛在法庭與三位法官爭執折衝甚久，我應該是胃酸分泌太多又胃痛了，我跟被告打個招呼後，即匆忙坐計程車直奔醫院急診室打針服藥，許久才緩解。回到事務所，沒人知道我剛才是從醫院急診室回來的。

## 十七、為了救一名國中生，與黑道周旋和解

多年前一位企業人士經人介紹來找我，因為他的一位十三歲的兒子糾眾與對方少年兩派人馬械鬥，結果拿長刀把對方砍傷了，傷勢似乎很嚴重，送醫急救中。更讓他心驚膽跳的是，被砍少年的父親，是國內某著名幫派的第一把手，真的是江湖上名副其實的「大尾鱸鰻」。他很擔心小孩被報復，眉頭深鎖希望我出面救救他的兒子，我問他，你要的是什麼結果，才算救了你兒子？好讓我評估能否接這個案子？他說孩子還小，希望能化解雙方之怨氣，再者也讓小孩全身而退，不要留下任何黑紀錄，花費多少不必考慮，律師全權掌控即可；而且他要求我必須全案親力親為，不假手我的助理律師。

我回他說，我最多只能保證我可以親自出馬及會全力以赴而已，其它超出我能承諾的，我都無法保證，你想清楚了再決定。隔天他又來了，說他想好了，就照我意思，他要委任。接案後，我即親自嘗試跟對方接觸尋求和解，這應該是整個案件最難、也是最關鍵的工作，但不順利。我改以聲請調解試試，第一次見面時在某個調委會，該

會場地很大，對方來了十幾名彪形大漢的黑衣人坐在對面。來者不善，從頭到尾怒氣沖沖，不停飆罵兒子的媽媽，跟我預料的差不多，場面很火爆，在失控之前，我快速趨步至對方陣營直接找老大溝通，經過一番交頭接耳後，我示意飽受驚嚇兒子的媽媽等人先行離開，這些黑衣人情緒也緩和下來了。我跟他達成共識，另約時間協商，終於踏出可能和解的第一步。

在我準備邀約他們第二次協商前，他們已主動來電邀約我到他們會所協商。商談地點由對方指定，其實我內心是不願意的。但我知道一旦我拒絕，以後的和解將很難進行，因此我還是答應準時赴約。我到場時，才知道協商地點是一家高檔的酒廊，而不是我預想的辦公室會所之類。但我人都來了，你想想，若我掉頭就走，後面的和解還有戲唱嗎？既然來了，就姑且試試吧。

趨前來迎接我的是上次領了十幾位黑衣人的帶頭大哥。他用台語很客氣的跟我說：「張大律師你只有一個人來喔？你很有膽量氣魄喔，我很欣賞。」我笑笑回說：「謝謝，你過獎了。我今天是來跟你們交朋友的，又不是參加鴻門宴。我想我一個人來，看起來會比較順眼吧？」他聽後哈哈大笑回說：「大律師就是有學問，我就是喜歡交你這種朋友。」待其引領我進去一個大包廂後，裡面已經有多位男士及美女在裡面等候了。我坐定後，那幾位男士，即來跟我換名片致意（都是董事長頭銜），他們真正身分應該是幫派大哥。隨後剛剛那位帶頭大哥又問我：「大律師你對我們這裡的場子安排滿意嗎？」我回說：「天上人間，應該也就是如此而已。」眾人聽後哈哈大笑，其中一位穿著短到不能再短窄裙的辣妹開口了：「人家大律師說話就是不一樣，聽了就是舒服。」大夥兒又笑又附和，氣氛有點熱絡了。

此時，我知道今晚肯定協商不成了。就在雙方交談、杯觥交錯及輪流歡唱中，時間很快過了二、三個小時了，我想我該撤兵了。這晚消費我初估至少有十萬元以上吧，我即假借上洗手間去櫃檯買單，但卻被櫃台拒收。一會兒他們都圍上來阻止我買單。我說：「今晚你們請我吃飯，又歡唱又喝酒，已經很給面子了，你們請客，我負責刷卡，這符合江湖規矩吧。」他們帶著濃濃酒意，身體有點搖搖晃晃，大呼：「江湖可能有這個規矩，但今晚不適用在大律師身上。」好吧，爽快，但最少我的誠意也表示了。剛剛雙方聚餐如此之久，但對和解的之事卻都隻字不提，高手過招就是如此。我心想，今晚只要賓主盡歡，我就算沒有白來了。

過幾天，換我使出連環招了。我密集約他們來我事務所懇談協商，並盡可能將和解金額拉至最小差距，並讓對方覺得跟我和解，他們得到的和解金額非但沒有吃虧，而且是比法院判決金額還高的。歷經多次折衝，雙方最終達成和解了，和解金額雙方也都滿意。那位砍人的小孩前世應該有燒好香，真的是遇到我這位貴人了，因為他砍人的深仇大恨，我孤身出入虎穴幫他化解了。

在法庭辯護時，我幫他鋪陳最有利的攻防，而且受害人的母親也願意接受我的建議，在法庭幫他講幾句好話。案情進行非常迅速順利，我心裡已預料他應該可以全身而退了。事後，他們全家來訪，我即告知法院判決結果，小孩的爸爸聽後一時說不出話，只是猛對我鞠躬致謝；而小孩的媽媽則激動得掩面放聲大哭，你看她承受的壓力有多大，宣洩的心情，久久始平復過來。

# 十八、律師在法庭辯論，言詞應謹守分際

王安石的〈梅花〉一詩：「牆角數枝梅，凌寒獨自開。遙知不是雪，為有暗香來。」這首詩並沒有描寫梅花的枝葉和花朵形態，而是著意寫梅花「凌寒獨自開」的品格，寫她沁人心脾的「暗香」。王安石通過對梅花不畏嚴寒的高潔品格的讚賞，以雪喻梅的冰清玉潔，說明高潔人格所具有的魅力。有如李白：「安能摧眉折腰事權貴，使我不得開心顏。」表現淡於富貴、傲視權貴的思想，也反映高潔氣質的性格。

你若看電影或電視劇，只要有演到律師在法庭辯論的情節，你一般會發現各個律師言詞滔滔雄辯不絕，但現實法庭似乎著重的不是如此。法庭上律師需要的是雄厚的專業知識，冷靜的頭腦與思維，在瞬息萬變及激烈的攻防之中，如何判斷及如何主張對案件最有利？當然若有更好的論辯能力，更能說服法官。

有些律師口齒不清，語速很快，更慘的，有的還會人身攻擊，像在潑婦罵街，這就太離譜了。律師一般辦一個案件也沒賺多少錢，就算賺很多錢，也不須這樣。內行看門道，外行看熱鬧。我有時發現有些律師忘了自己角色，言詞激烈，所說的缺乏明

確的佐證，或是捕風捉影或是主觀的揣測，看到黑影就開槍。其實費盡言詞一點也沒意義。

法官又不是傻瓜，你講那麼多只能證明一點，就是自己不專業，自曝其短，有夠慘。律師在法庭上的應變能力及論述能力確實很重要，但律師也不應為了求表現，而失去了格調，否則就會讓人瞧不起。律師應具有堅貞不媚的風骨，因為這是律師的靈魂。

## 十九、聲請法官迴避，冤家路窄又相逢

明・馮夢龍詩云：「萬事由天莫強求，何須苦苦用機謀。飽三餐飯常知足，得一帆風便可收。生事事生何日了？害人人害幾時休？冤家宜解不宜結，各自回頭看後頭。」此詩勸人不必太過計較，大事化小，小事化無了。眼前的仇怨應該設法化解，不要一再窮於追究；否則彼此冤冤相報，相爭不已，永遠沒有止盡。

話說，當年我剛出道當律師時。某建商委託我辦一件土地糾紛案件，該案是第一審敗訴之後再來找我的。訴訟對方委託的是一位資深律師，年紀大我不少，算是我的前輩。這位前輩律師狀紙寫得不錯，口才及應變能力超強。那個年頭，年齡比我大的，又是律師高考及格的，法學功力幾乎都是一流的。

高院開庭時，對方律師每次都高談闊論，一講就十幾分鐘。換我講話時，我只要講幾句，法官就跟我說，你可不可以全部都引用狀紙，意思就是叫我不要講了。我當年，年少氣盛，聽了很不服氣。就回法官說，為何這句話剛剛你不跟對方律師講，只對我講呢？我那時講話真的很直接，法官聽了我這位年輕律師這樣對他講，應該很不

爽，跟我說，好，你要講就講。但我發現我講的時候，法官卻心不在焉，眼睛根本不看我，而且還忙著整理卷宗，他的行為語言告訴我，我法官讓你講又怎樣？我才懶得理你呢。但我那時才不管那麼多，還是講我的。我心裡想，法官要聽最好，不聽，我就當作法庭練兵，但我只要講超過約三分鐘，法官就中途技術干擾，打斷我講話，有幾次開庭都有這種情形。

我覺得法官審案有偏頗之虞，我就不忍了，在得到當事人支持之後，我就列舉幾大具體理由認為法官審理過程有所偏頗（有些具體理由就不在此詳說），具狀聲請法官迴避。約三個月後法院通知開庭時，結果出乎我預料之外，我發現這位法官不見了，換了受命法官。新法官一開始就跟我說：「因為你聲請法官迴避，原先受命法官自動轉到刑庭了，張律師你有話要說，可盡量陳述。」我稱謝法官後，就起身發言，盡量發揮。這一審官司打很久，累得人仰馬翻，最終我方戰贏了。故事還沒說完。

真的冤家路窄，幾年之後，我幫一位刑案被告辯護時，我發現當年我聲請迴避的法官，剛好坐在陪席上，真的有點不妙。當我起身為被告辯護時，我講到一半時，這位陪席法官似乎欲「公報私仇」，他居然跟我說，辯護人你已經講很多，夠了。阿彌陀佛，一般陪席法官除非很必要，否則很少發言的。我意識到當年我聲請法官迴避這件事，他還沒放下。我立即回他說，某某法官，當年我在民庭聲請你迴避，都有臚列具體理由，絕不是無的放矢，我所做的只不過是盡我律師職責而已，並非要挑戰你的法官權威。我現在在刑庭辯護，也是同樣盡我律師本分，希望你讓我講完。你可以對我很不爽，但千萬不要把氣算到被告身上。我講完之後，他沒反應變沉默了。聽我這樣說，審判長知道原因了，即轉頭對陪席法官說：「你就讓辯護律師講完吧！」案件終於順利結束。約一個月後左右，我這位刑案被告，被判緩刑，幸運的死裡逃生。

# 二十、這件離婚的原因，與眾不同

五代，馮延巳寫的〈春日宴〉：「綠酒一杯歌一遍。再拜陳三願：一願郎君千歲，二願妾身常健，三願如同梁上燕，歲歲長相見。」白話的意思為，在春日的宴會上，暢飲一杯美酒再高歌一曲，拜了又拜許下三個願望：一願郎君長壽千歲，二願我身體永遠康健，三願我倆如同梁上飛燕，雙雙對對，永遠伴隨。可見，馮詞之三願對於人間恩愛夫婦，不求富貴．惟願相守長久，所求不奢，表現了古代女子對美滿生活的追求，但現代有些女子的價值觀可能就不一樣了。

我曾辦理一件離婚訴訟案件，我是男方的委任律師。女方先起訴要與丈夫離婚，男方也反訴要求離婚。男女雙方離婚的理由，一般你都可想像出來，這點我就不提了。我要說的不知你是否碰上或聽聞？男方當事人跟我說，他每次跟太太上床愛愛，太太會要求丈夫給付幾千元的費用，否則絕不能強渡關山。我直覺他好像是在付夜渡資給太太喔？十分驚訝。

我反問男方，若你身上剛好沒錢，你太太仍會堅持要錢嗎？他出示他上床前，簽下多次賒帳的影印字據給我看（正本在太太手上）。哇！這很稀奇吧？第一次看到耶！他們夫妻都是有正常職業的大學畢業學歷。他們雙方要離婚的其它理由，姑且不談，單獨這點，對雙方的人格傷害還不夠大嗎？缺少情感的婚姻能維持長久嗎？於是我強烈建議法院協調離婚，最後雙方真的和解離婚了。

這樣的結局雖不完美，至少將雙方的傷害降到最低。以後你要結婚，這點是否需要先問清楚女方？你若敢問，肯定被揍，是吧？不問呢，也有可能遇到這樣案例，不是嗎？你若沒遇到，算是幸運喔！

# 二十一、出席調解，遇到當年來應徵之落選者

詩仙李白的詩〈宣州謝朓樓餞別校書叔雲〉：「棄我去者，昨日之日不可留；亂我心者，今日之日多煩憂。長風萬裡送秋雁，對此可以酣高樓。蓬萊文章建安骨，中間小謝又清發。俱懷逸興壯思飛，欲上青天攬明月。抽刀斷水水更流，舉杯消愁愁更愁。人生在世不稱意，明朝散髮弄扁舟。」詩中雖然寫盡了李白煩憂苦悶，但卻不陰鬱低沉。該詩抒發了李白懷才不遇的憤懣之情，但從全詩來看，仍然透露著李白豪邁之氣及心胸寬廣、直率坦蕩的情懷。但我曾遇到一件來我事務所應徵律師沒被我錄取，卻充滿憤懣之情，多年沒釋懷的。

話說，我辦了一件訴訟糾紛，第一審雙方互有一部分勝敗。之後，雙方皆上訴高等法院，法官勸雙方和解，案件就移交給法院志工（成員大多為律師及社會各界人士）來調解。調解本來應可順利進行，但在調解中，這位調解委員（律師）經常言詞批評我方當事人，甚至莫名其妙對我做人身攻擊，妨礙我方調解的意願。我按耐不住了，反擊並質問他，你這調解員是來當和事佬？還是來當破壞王？我對你真的很不滿，你

根本不適任當調解委員。我並立即請書記官回報法官，我拒絕這位調解委員調解，請法官親自來調解，書記官就照辦。兩造在等法官來時的空檔，對造當事人對著調解委員說：「我也覺得調解委員你頻做人身攻擊，實在太離譜了，你知道我是誰嗎？」調解委員回說：「你是誰呀？」對造回說：「我是張律師的學生，只是他不知道而已，他代理當事人告我，我對他都沒怨言了，你憑什麼對張律師做人身攻擊？」

哇，天啊！真不好意思，我代理提告的對象是學生耶，他非但沒怪我，還幫我講話呢！這位調解委員一聽，實在有點難堪。這時，對造的律師也對著調解委員補了一槍：「你是律師，怎麼可以這樣幹調解委員呢？張律師跟你有什麼過節嗎？」對造及對造律師兩人，都出手幫我講話了，這畫面真的很珍貴。這時調解委員出人預料的說出心裡話了：「我多年前去張律師的事務所應徵受僱律師，我自覺條件非常好，但張律師居然沒錄用我，我心裡覺得很不滿及壓抑，今天恰巧遇到張律師，所以我就想給張律師難堪一下。剛剛是我不對，我願意道歉。」對造律師回說：「你當年沒被錄取，也不見得是張律師的錯，你也不能挾怨報復啊！」

這時，我就對這位調解委員說，既然你勇敢說出來，其實也不容易。我可以藉這個機會跟你解釋一下。其實。你說你來應徵過，時間久了，我也沒印象。我事務所在找人才，是在找我主觀上認為彼此適合的人。可能找對人，也有可能看錯人，因為只看履歷表及短暫的面試，其實很難說的準。被錄取的，不代表最優秀，被拒絕的，也不代表被否定。像我上次開庭，還遇到一位女法官，當年她也曾來應徵律師，也沒被錄取，難道她也要像你一樣，對我方做不利的判決嗎？

聽後，這位調解員又跟我道歉一次。這時，法官剛好來了，我跟法官說，剛剛發生一點小誤會，已經沒事了。和解應該會峰迴路轉，可以再讓這位調解委員調解。之後，對造這位學生確實有做一點讓步，雙方就和解成功，事後，我分別打電話給這位學生及對造律師致意。從這件事情，我更深覺，平時不知不覺中，不知得罪多少人？或被多少人誤會了，自己都不知道，尤其幹律師這行業，更是如此。

## 二十二、為救被告，在法庭公然飆髒話

一般人上檢察署或法院，經常分不清楚誰是檢察官或法官，有時錯叫法官為檢察官，有時叫錯檢察官為法官，但檢察官或法官一般也不太會介意，反正都是司法官。但曾經有一次，我的當事人，上法庭分不清楚誰是法官或檢察官，差一點當庭就被法官給收押了，你想不到吧！

事情是這樣的，若當事人被檢察官起訴的案件，第一次開庭，法官都會問：「被告你對檢察官的起訴書，有何意見？」若被告認罪，一般律師都會指導被告答：「沒有意見，希望法院從輕發落。」等類似答辯。若被告不認罪，則會教被告答稱：「否認起訴書的內容。」等類似言詞。上法庭前，我預先就跟被告講解演練過這段陳述，他也完全了解。

被告上了法庭後，法官一開始也是這樣問他：「被告你對檢察官的起訴，有何意見？」但他不知如何，居然脫稿演出，而且神情非常激動，對著女法官口出三字經大聲咆哮：「X你娘，我明明沒有犯罪，你怎麼把我起訴了？」法官聽後臉色鐵青，法

警神情十分緊張，雙眼緊盯被告，法庭的空氣瞬間幾乎凝結了。

經過幾秒鐘之後，法官回神了，大呼，法警過來，把被告以公然侮辱法官之現行犯押起來。哇，不得了，事情的演變，完全出乎我預料之外。我想我若不趕快出手，被告肯定被押走了。我馬上起身向法官報告，請法官息怒，容辯護人說幾句話，若真要押人再押也不遲。法官准了，我立即對著被告以他剛剛罵法官的言詞，同樣對著他咆哮：「X你娘，你罵錯人了，坐在上面的是法官不是檢察官，起訴你的檢察官今天沒來，你趕緊向法官鞠躬道歉，否則你肯定被押走了。」被告聽後，幸好很配合，立即向法官鞠躬道歉。

我接著向法官說：「剛剛被告口出三字經，應該是一般口頭禪，您看我剛剛也是這樣罵他，被告也不以為意，這確實是誤會。但是剛剛該口頭禪多少應該冒犯法官了，辯護人也當庭幫法官罵回來了，希望法官多多包涵，放他一馬。」法官聽我說完後，我看她氣似乎消了，臉色也好看多了，隨即很客氣的示意我回坐。接著對著被告說，今天若不是你的律師為你求情，我就辦你，被告聽完，再一次向法官鞠躬道歉，法官接著示意法警退下，押人的危機始解除。

退庭後，我的當事人仍然驚魂未定，幾乎不知如何言語，只是一直對我打躬作揖說謝謝。我拍拍他肩膀，請他先回家休息，因為剛剛在法庭內旁聽的人，都很好奇，幾乎都跑出來圍著看了，有的人還舉起大拇指對我示意。我心想，能把當事人安全帶離法庭比較重要，就算我在法庭飆罵三字經，犧牲一點形象也是值得了。

## 二十三、沒受高價律師費誘惑，婉拒接案件

唐代詩人張謂詩云：「世人結交須黃金，黃金不多交不深。縱令然諾曾相許，終是悠悠行路心。」作者是唐代進士，他看到當時的社會狀況是「世人結交須黃金，黃金不多交不深」而發出感歎，寫下這首言簡意深的諷喻詩。由此可見，唐代就有了「拜金主義」橫行的現象。明朝著名畫家唐伯虎亦曾詩云：「不煉金丹不坐禪，不為商賈不耕田。日來寫就青山賣，不使人間造孽錢。」這首詩道出唐伯虎不經商、不種田，僅靠出售自己的畫來生活，即使貧困潦倒，也不搞邪門歪道去貪謀錢財，立志「不使人間造孽錢」，表達了自己的高尚情操。

可是時下，惟利是圖的「拜金主義」者屢見不鮮。有的人為錢賣身毀譽折節，有的人為錢違法詐騙，有的貪汙索賄，成了金錢的奴隸，那就大可不必，畢竟錢是身外之物，生不帶來，死不帶去。

話說，有一從事放高利貸業者，想聘請我至債務人現場點交房屋。經我瞭解原委，債務人借貸前已將房產抵押給他，而且預先在過戶文書簽章及簽立本票擔保他的債權，

一旦債務人還不起錢，則任由他來過戶處理。

他來找我時，債務人因在外也有其它負債，不知是何原因，想不開，已在房屋現場上吊自殺身亡了。而這位放高利貸的業者自己已辦好房產過戶取得產權。他說房屋現場尚留不少動產，他要點交房屋，希望我陪他去，以避免以後有財產交付上的爭議，來回現場時間頂多一個早上，卻主動要給我三十萬元之律師費，並說，我若覺得費用不夠，可再商量。

我聽後，第一的感覺是，他開出的律師費很高，確實有很大的誘因，但債務人已身亡，死無對證，是非曲直如何，似乎不能僅憑他一個人片面之言。何況債務人是自殺身亡，恐有冤屈。因此，我內心是不想辦此案件的。

他跟我琢磨了一會兒，感覺我接案意願不高，又將律師費主動提高，這已是天價了，但我最終還是婉拒他的委託。

## 二十四、美麗的女被告遇到男法官，獲判無罪

唐・杜甫詩云：「好雨知時節，當春乃發生。隨風潛入夜，潤物細無聲。野徑雲俱黑，江船火獨明。曉看紅溼處，花重錦官城。」杜甫的傳世詩作中，以雨為題材的，唯獨這篇〈春夜喜雨〉最為膾炙人口。該詩大意為，及時的雨好像知道時節似的，在春天來到的時候就伴著春風在夜晚悄悄地下起來，無聲地滋潤著萬物。田野小徑的天空一片昏黑，唯有江邊漁船上的一點漁火放射出一線光芒，顯得格外明亮。等天亮的時候，那潮溼的泥土上必定布滿了紅色的花瓣，錦官城的大街小巷也一定是一片萬紫千紅的景象。有時打官司與上面〈春夜喜雨〉的詩句很類似，被告若運氣好遇到對的法官，似乎會逢凶化吉。

話說，有一位年輕、混血的妙齡女子為模特兒，人長得很漂亮。她因為與人有刑事糾紛，第一審被判了一年有期徒刑，她接到判決書後，經人介紹請我幫她上訴辯護。我在二審幫她找出不少有利證據及改變辯護方向，希望在二審時法院能夠改判無罪。說實在，她也很配合提供相關證據，約詢討論案情也很專注用功。每次開庭前，我會

為她沙盤推演法律攻防，她也能應對自如。

我印象最深刻的是，每次開庭前，她都會問我開庭當天要穿什麼衣服？差點被她問倒了呢！我回說，穿著大方端莊就可以了。她立即又問我，那我今天穿著，律師覺得如何呢？哇！這又不是我的專業。不過，她跟我見面時，穿著很亮麗，但她美麗外表仍勝過她的華服。我回說，很大方好看，但開庭當日仍以端莊為宜。

該案，共開了幾次庭，我書寫的答辯狀及聲請調查證據狀，法官照單全收，都調查，而我應該做的都做了。法官問我一些案件重點之後，幾乎每次開庭時都花了很長時間在問她。精確的說，法官就像在跟她聊天似的。我的職業敏感度發現，這位男法官對她印象好極了。

最終，法官改判她無罪，她欣喜若狂的再三向我致謝。而對於這個案件，我內心是這樣掂量的，究竟是我的辯護高明，讓法官改判她無罪呢？還是她的美麗外表戰勝了男法官？

# 二十五、委託人濫行誣告，付出嚴重代價

《朱子家訓》云：「居家戒爭訟，訟則終凶；處世戒多言，言多必失。」可見古人早就告誡，居家過日子，禁止爭鬥訴訟，一旦爭鬥訴訟，無論勝敗，結果都不吉祥。處世不可多說話，言多必失。

凡是有人的地方，就有爭鬥訴訟，古今中外皆如此。爭鬥訴訟的原因，林林總總，不一而足，有為金錢，有為名譽，有為祖產，有為婚姻，不一而足；但所有爭訟，理應根據事實及法律為之，否則走火入魔，終將引火上身，不可不慎。

話說，我有一位當事人，事業有成，家財萬貫，是地方聞人，他在台北市的蛋黃區至少有六十戶以上房子。他拿幾件已經委任過別的律師辦過，但已敗訴的案件找我上訴。我讀後跟他說，每一件上訴幾乎都會敗訴，但他要我全部上訴，我只勉強挑一件。他很不以為然對我說，這些案件之所以敗訴，主要是法官亂判，有證人出庭亂講，所以他希望我接所有上訴案；另外他要委託我一併將法官、證人等列為被告一起提告。

我聽後很驚訝，並回說，你若要這樣提告訴會很危險，很可能最後會被人告誣告，

經過跟他一番爭執，雖然他有點不爽，我仍堅持只辦其中一件有一些可以主張上訴理由的案件，其餘我就不願再表示意見，請他另請高明。如我所預期，最後這件上訴案仍然上訴駁回。從此他跟我就沒聯絡了，他的案件以後是如何的打法？我也不清楚。

經過了好多年，有一天我在一家餐廳吃飯，忽然聽到電視機正播報他的名字，我抬頭看電視正播放他被警察抓去坐牢的畫面，心裡還是覺得很遺憾與惋惜。想當年，如果他肯聽我的忠告及意見，就不必淪落到這般田地了。

## 二十六、幫人辯護，未必能實現正義

我以前辦過一件重大刑案，第一審法院判被告無罪。後來有人跑來祕密告訴我，被告確實有殺人耶，這對辯護律師的心裡衝擊真的很大。幸好，檢察官有上訴，高院後來改判被告有期徒刑，我心裡才稍為平衡一點。

從該案之後，我幾乎就不接重大刑案了。有幾件驚動社會的重大刑案，被告託人要來委任，我都婉拒了。當律師只要接大案，肯定賺錢，錢是很誘惑人的，但有些錢我還是不賺的。律師幹久了，不可能每件辦案的結果都能實現公平正義，因為有些案件，有可能不該贏的，也贏了。

所以，身為律師，有案子就接，上法庭不分是非，不顧正義，講出超過證據的話，其實是很傷德的，也會增加業障。當然，我不可能全部做到這個境界，但我時時鞭策自己，提醒自己。

## 二十七、對造欲行賄賂，律師抗拒誘惑

西漢，桓寬〈鹽鐵論・褒賢〉曾說：「香餌非不美也，龜龍聞而深藏，鸞鳳見而高逝者，知其害身也。」白話的意思為，香餌並不是不美味可口，但魚、龜一聞到便躲藏起來，鸞鳳一看見便飛得高高的，因為它們都知道香餌會危害自己的生命。可見世上沒有免費的午餐，天下沒有白吃的香餌；貪圖眼前利益，往往使自己陷於無邊困境，留下巨大隱害，我們都應警而戒之。

話說，我曾辦了一件金額不小的土地糾紛案件，對造跟他聘請的律師一起出庭，我單槍匹馬上陣，經過幾次法庭激烈攻防，在一次退庭後，對造支開他的律師，獨自在法庭外找我對話，我以為要協商和解。

他很客氣的說：「張大律師，久仰，我打聽過你，也知道你的實力到哪裡。我廢話不說，我給你現金一百萬元，保證永遠沒有人知道，這個案件你就不要辦了，如何？」我一聽有點驚訝，直接就回絕他了。他不死心，好話說盡，我還是拒絕了。他對我拒絕收他的錢超級不爽，再次上了法庭，他在法庭對我多次言語人身攻擊，他不

但被法官臭罵一頓，而且還被趕出法庭，後來地院判決我方勝訴。

他上訴高院後，仍不死心，又在庭外找我，並放下身段對我賠不是說：「張大律師，不好意思多次得罪，如果我以前開價太低，你自己開啦，我照給。」我回他說：「我不是嫌你要給的錢少，而是我不能拿。在法庭我只是盡我律師本分，你不用老是拿我出氣，做人身攻擊。」聽後，他很失望，掉頭就走。

事隔多年，即使時光倒流到那段時間，我跟他的對話內容，應該還是一樣，不能拿對造的錢。

## 二十八、辦案，不能僅憑一人所見為憑

《呂氏春秋》曾記載，孔子周遊列國，因兵荒馬亂，困頓於陳國和蔡國之間，連野菜湯都喝不上，七天都吃不上米飯。於是弟子顏回外出討米回來煮飯，飯快熟的時候，孔子不經意看到顏回竟先掀起鍋蓋，抓些白飯往嘴里塞，孔子當時假裝沒看見，也不去責問顏回，但心裡認定顏回偷吃米飯。

不久，飯熟了，顏回請孔子吃飯，孔子卻假裝若有所思地說：「剛剛我夢見先人，還好，這一鍋米飯還沒吃過，我先拿來供奉先人之後，我們再一起吃。」顏回頓時慌張起來說：「老師，剛才我在煮飯時，灰燼不小心掉了一些在鍋裡，染灰燼的白飯丟了太可惜，我只好抓起染灰燼的白飯吃了，我不是故意把飯先吃了。」

孔子聽後歎息道：「一般人都說眼見為憑，但眼見不一定為憑啊；都說要相信自己的內心判斷，但內心往往也會欺騙我們自己。弟子們要記住了，瞭解一個人與判斷一件事的是非，是很不容易的。」（《呂氏春秋》原文：所信者目也，而目猶不可信；所恃者心也，而心猶不足恃。弟子記之，知人固不易矣）。

可見，我們在判斷顏回是否有偷吃米飯，還不能完全採信證人孔子一人親眼所見的證詞為憑，應該要從不同的人證、物證及各種情況角度來認識辨知，才能完全了解事實的全貌，否則很容易冤枉人。

## 二十九、律師上法庭，偶爾會遇到不合理對待

話說「明鏡高懸斷是非，秉公何懼九重圍。千宗鐵案千般理，一顆丹心一品威。」這是古代描寫法官（檢察官）辦案不畏權勢及公正立場。古代的法官，大多是地方行政首長兼任，像包拯、宋慈是也。古代沒有檢察官這個職稱，但許多人認為，「御史」就是古代的檢察官，不少詩詞大家，像韓愈、駱賓王、王維都曾擔任過此職。

律師與司法官的角色及功能有所不同。例如：司法官是為國家工作，律師是為當事人工作。司法官是站在公正的角度思考，而律師是站在自己當事人的角度思考的，哪怕是殺人犯，也是站在維護他的權利的角度思維。司法官是著重「法官不語」，而律師則是著重在「說服」，不僅要「語」，而且要「能語」。

如果先對這些角色有所認識，就會發現律師上法庭其實不僅要與對造攻防，有時還會與檢察官或法官言詞交鋒，因為角色不同彼此看法有異，有時就會產生矛盾而爭執。當然若是一些非原則性問題，彼此大多是不會計較的。但若涉及問案及審理過程是否公正，我就不輕易妥協了。例如，我曾辦過一件家暴案件，委託人平時飽受丈夫

恐嚇毆打，活在恐懼中，不得已就提起刑事告訴。開庭時，檢察官問了被告之後，照理也要讓告訴人或律師發言，彼此攻防才平衡。結果告訴人舉手要發言，檢察官不但拒絕還揶揄她：「你的律師的狀紙已經寫很清楚了，你還要講什麼？」居然拒絕讓她發言。我見狀，立即起身說：「所有告訴事實，狀紙固然寫了，但是告訴人想補充陳述，是否能讓她講句話？」她竟然回我說：「不用了」我補充說：「檢察官你不讓告訴人發言，那讓我補充幾句話，總可以吧？否則你傳我們來開庭，又不讓我們講話，那開庭有什麼意義？」她居然傲慢地回我：「大律師，今天開庭結束了。」我超不爽的就快步走出法庭。試想，告訴人就是因為滿腹委屈，才要到法庭尋求救濟，她卻連一句話都不讓被害人說，這是什麼道理？真是有如「已恨碧山相阻隔，碧山還被暮雲遮」。

我一回辦公室，就立即寫一封律師函，並以限時雙掛號寄給檢察長，將上面發生的事，細說了一遍。約一周左右，檢察長派了一位主任檢察官打電話給我，大意是說檢察長非常關心此事，並向我致意云云。過不久，就接到檢察官開庭通知了，檢察官看到我，這次態度很客氣，並說今天若有什麼意見就盡量發言。可見，她不僅改變態度，也回到維持法庭程序的公平性的正軌了。我就示意告訴人補充她上次想要講的，我自己也補強相關攻防，算是結局圓滿。約一個月後，即收到檢察官起訴對造的起訴書。果然檢察長處事很明快，很認真端正下屬之缺失，為司法信譽扳回一城。

律師到法院，與法官直接接觸機會算是最多了。基本上我遇到的法官（含檢察官），大多辦案認真，問案態度也得宜。可是，根據一些民間單位的調查，法官的信任度，卻僅有二十六•七%，說實在，這跟我自己實際的體會，是有點距離的，難怪有些法官會私下抱怨說：「做到流汗，嫌到流涎。」當然，我有時還是會遇到少數法官問案態度傲慢或是嚴重偏頗一方的，到目前為止，我經辦過的案件，以法官「執行職務有偏頗之虞」的理由聲請迴避的約有七件，但成功的只有一件，能成功一次，已經算是不容易了。這個聲請法官迴避次數，如果與其他律師相比，可能很多，但若以我自己辦案的數量試算，比率應該不到千分之一。不過我可告訴你，被我聲請過法官迴避的，有的過幾年就「出事」登在媒體了，可見我當年聲請法官迴避絕不是「無的放矢」的。

還有，我以前辦過一件民事案時，曾經在法庭跟法官有激烈的互動，那是發生在北部的某法院。開庭時法官先訓斥了對造律師，因為法官認為他的訴狀聲明沒寫好，我認為闡明一下即可，不須動怒。接著法官跟我說，要我縮減請求權基礎的項目，我當庭拒絕。他居然說：「你若不縮減，我就禁止你下次來開庭。」我很不以為然，立即頂回去：「你若真的要禁止我開庭，我就當庭聲請法官迴避。而且我還會向司法院檢舉你違法濫權。」也許他沒遇過有律師敢這樣跟他對話的經驗，馬上手指著我，憤怒的說：「張律師，你是在恐嚇法官。」他扣我一頂很大帽子了。我不甘示弱回說：「法官，剛好相反，是你在恐嚇律師，我們可以當場播放錄音帶來聽。」法庭氣氛一時僵硬了，沒人敢講話了。法官左右手輪流托住自己的下巴，凝視著我，也不講話了，這樣子長達約幾分鐘之久。他注視著我，我也看看他。最後他開金口了：「張大律師，我覺得我們之間有誤會了。」我知道他放軟了，立即回說：「我完全認同法官的高見。」他立即跟我說：「張律師，你記得下次一定要來開庭喔，我們的誤會才算完全化解。」講完一次不夠，還再三叮嚀我一定要來開庭，惟恐我忘了來開庭。此時，法庭僵硬的氣氛終於解凍了。我走出法庭後，有二位不認識的律師尾隨出來，並跟我說：「道長，我們這裡有不少律師都被這位法官修理過，苦不堪言啊。這位法官今天算是踢到鐵板了。」我回說，你們平時怎麼都不跟他抗議一下啊？其中一人回我說：「案件在他手上，怕他『公報私仇』啦。」我回說：「就是因為你們長年都不敢指出他的錯誤，變相讓他認為修理你們是理所當然的，你們都把他慣壞了。」他們聽後尷尬地笑出來，但也不得不承認，我說的有幾分道理。幾年前，我聽說這位法官已退休了，司法院及該轄區的律師應該可鬆口氣了。

你若問我，為何法官（檢察官）在民間的信任度或聲望會那麼低，我可以告訴你，原因當然不少，但主要就出在少數法官（檢察官）問案態度傲慢或所做裁判跟社會的認知嚴重脫節有關。好事一般是不出門的，壞事可就傳千里了。一粒老鼠屎，真的會壞了一鍋飯的。

## 三十、接案件，並非有錢賺，就來者不拒

明朝重臣于謙，官至國防部長，後不幸被誣下獄，抄家棄市，有夠悽慘。他死前曾寫一首詩：「千錘萬鑿出深山，烈火焚燒若等閒。粉身碎骨渾不怕，要留清白在人間。」這首詩最重要的訴求，就是最後一句「要留清白在人間」，這跟很多人上刑事庭，希望最終獲得無罪判決，不願留下前科的汙點是一樣的。于謙當時是被冤枉的，天下盡知，可是身處極權專制時代，人權不彰，也沒強有力的律師辯護制度，否則于謙不致於含冤而歿。

律師受當事人委託或法院指定，協助當事人進行訴訟，出庭辯護，以及處理有關法律事務。除非律師不想辦，否則原則上，有人委託，律師就辦案。這跟你開餐館飯店，有客人進來用餐投宿，你就接受的道理似乎差不多。因此，從我幹律師的第一天起，就經常有人問我，為何在媒體上常看到律師爭相要幫那些壞人辦案呢？其實答案很簡單。首先你得先判斷誰是「好人」，誰是「壞人」？「好人」或「壞人」不是你我說的算，也不是媒體每天鋪天蓋地的報導，就定罪了。法官寫判決書是要依據嚴格

的據證來做決定的，不可能像你在談戀愛一樣，看到帥哥美女，憑藉著幾分印象就跟著感覺走。判決書也不可以像文人的詩句：「花非花，霧非霧，夜半來，天明去。來如春夢幾多時？去如朝雲無覓處。」事實既朦朧，是非也朦朧，那就令人費解了。

你想想看，是不是每個被檢察官起訴的被告，法官都會照單全收，最後都判有罪？當然不是，被告被判決無罪的還不少。你就知道，有一些被起訴的被告確實是冤枉的。如果從這個角度去思考，你就會理解法官要判一個人有罪之前，必須走完一定的程序，在這個程序中，被告所有的權利仍要被保護，而我們的法律及訴訟制度的設計，本來就是假設被告在判決有罪之前，都應把他當作無辜者看待。即使是最極端的殺人嫌疑犯在被判決死刑確定之前，國家仍要依法對待他。例如，你不可以打他或為其它虐待行為，也不可違法取供、拘押等等，而律師就是扮演這個監督角色，進而在審判中為被告找出最有利的反證進行辯護。如果法律不這樣設計，你就可想像你一旦被司法單位追訴，在警詢、偵訊及審判過程中，萬一你被刑求逼供或被違法拘押，若沒有律師幫你監督、辯護，你就有可能含冤招供而被誤判了。所以，你問我律師為何要幫那些「壞人」辦案？答案就呼之欲出了。

上面講的都是理論，回到現實。我開事務所跟別人開飯館一樣，開飯館的是客人愈多賺錢愈多；我是案件若接愈多，當然也是收入更多。請問有哪位律師會嫌案件太多，不愛賺錢的？但我也不是來者不拒，有錢賺就好，其實我也拒絕經辦不少案件，少賺很多律師費，但我還是割捨了。例如，發生在民國八十六年間，台灣司法史上最重大的刑案之一「白○○案」的殺人主嫌，在拘押中，就曾經託人轉告有意委託我辯護。若接這種案件，電視台馬上會爭相報導，又有錢賺。我考量我的個人價值觀與自己律師身負辯護的角色有嚴重矛盾，就婉拒接受委託，此其一。我剛出道執業律師不到三年時，有家規模很大的資產顧問公司主動找我合作。講白話一點，就是希望我整間事務所搬去該公司，專門辦他們公司收回放貸的金錢。約二、三十年前，一年固定給我幾百萬元，那是不小的數字，我自己辦的案件全歸我事務所，合作條件好到我都不敢置信，但我還是放棄了，為什麼？因為該公司是專門搞重利放款的。我當然也愛財，但還是不想賺這種錢，因為「身外無羈束，心中少是非」，此其二。當然，還有不少案件，我只要閉著眼睛接案，不要想那麼多，就可以賺進大把鈔票，但我還是堅持「做自己」而拒絕了，此其三。你問我不覺得可惜嗎？老實講，當下做決定時，還是會覺得可惜的，但事過境遷，就釋然了。

金錢是一把鑰匙，很多門都會為你而開，超級誘惑人的。但金錢也是無底的大海，可以淹死你的人格、良心和真理，不是嗎？

## 三十一、將軍當證人，仍然會緊張

唐．楊炯《從軍行》：「烽火照西京，心中自不平。牙璋辭鳳闕，鐵騎繞龍城。雪暗凋旗畫，風多雜鼓聲。寧為百夫長，勝作一書生。」白話的意思為，邊塞的報警烽火傳到了京城，壯士的心思哪能平靜。朝廷的將帥剛出了宮門，身著鐵甲的兵士就直搗據點。雪攪昏天，軍旗褪了顏色，風吹狂刮的聲音裏著鼓聲。我寧可做一個百夫長衝鋒陷陣，也不願做個書生。

這首詩描寫一位讀書人從軍邊塞、參加戰鬥的全部過程。短短幾段文字，描述了緊張的戰場氣氛，但是從軍的讀書人，卻是英勇無比，「寧為百夫長，勝作一書人」。但是換了法庭戰場，即使是一位百戰沙場的將軍，被傳出庭作證，也會緊張，一般人差不多都是這樣子。

話說，有一次我辦一件民事案件，聲請法院傳一位老伯伯作證，他是一位退休中將。開庭前他跟我說，這輩子他從沒上過法庭，有點緊張，問我上法庭作證要注意什麼？要如何陳述？

我跟他說，證人只要就看到的、聽到的事物，據實回答就可以。法官及雙方律師都有可提問，不管誰提問，知道的就回答，不知道就回答不知道，不要做價值判斷，例如「我覺得」，「我認為什麼」……之類的。開庭時，法官先問，而且法官很用心，幾乎要問的問題都被法官問完了，雙方律師幾乎也沒什麼好問的。

法官問這位老伯伯時，我發現他有點緊張。而且有時前後回答會稍微矛盾或者對時間的記憶講得不是很清楚。這有可能是年齡的問題，也有可能是沒上過法庭，臨場會緊張，這是很自然現象。不過他大致重點都有說到，應該不致於影響證詞的可信性。

走出法庭後，他跟我短暫對話。他說：「大律師啊，我發現你在法庭講話四平八穩的，但我就不一樣了，」他接著又說：「我是打過金門八二三砲戰的，子彈從我頭上不知飛過去多少次，我一點都不緊張，視死如歸，很奇怪，剛剛問我問題的那位法官是個小女生，她問話時，我的腿居然會搖晃，我心情緊張啊。」我聽後笑笑回他說：「伯伯啊，你第一次上法庭會緊張，這很正常啊。當年你的戰場是在金門，而我的戰場是在法庭，本來就不同。我們一旦互換戰場，彼此都會很緊張啊！」他聽後，頃刻間似乎很認同我的說法，又恢復將軍的自信，跟我揮手致意，哈哈大笑離去。

# 三十二、一邊辦案，一邊向大老闆學習

《三國演義》第二十一回：曹操煮酒論英雄。曹操認為袁術，為塚中枯骨，非英雄；袁紹，色厲膽薄，好謀無斷，幹大事而惜身，見小利而忘命，非英雄也。劉表虛名無實，非英雄也。孫策藉父之名，非英雄也。劉璋雖係宗室，乃守戶之犬耳，何足為英雄；張繡、張魯、韓遂等，皆為碌碌小人，非英雄。

曹操說：「夫英雄者，胸懷大志，腹有良謀；有包藏宇宙之機，吞吐天地之志者也。」白話文的意思為，所謂英雄人物，是要胸懷寬大的志向，心中有良好的策略，又具有豐富的各種知識，能夠光大志向的人。商場上，你我也會常遇到一些成功的企業家，具有這些人格特質，姑且稱他們為商場英雄。而這些英雄是如何成功的？我當然很好奇，遇到了總要了解一下。

話說，我辦了一件由多家上市公司共同委託的訴訟案，為了共同討論案件，經常跟這些大老闆一起開會，彼此也就變熟了。有一次這些老闆約我一起吃飯，除了我之外，其他十幾人都是知名上市公司的大老闆。我趁酒過三巡，問了他們一個共同問題：

「你們每個人事業都做得那麼成功，你們成功的真正祕訣是什麼？可否說說？讓我學習分享。」

聽我這麼一問，大家在微醺之下，整個興致都來了。有幾個人就先後發言了，其中一位說：「哎呀，沒什麼啦，像我是白手起家，年輕的時候從南部到台北，『雙腳夾一粒卵脬』，啥也沒有，自己一個人打拚，從學徒幹起，工作很認真啦。」他剛講完，其他人幾乎都點頭附議他所說。另一人接著說：「像我當初在打拚事業的時候，我一早就到公司，比公司的小妹還早上班。下班時，我是最後一個下班，公司幾乎都是我關燈的。」接著其中一人端起酒杯喝了一口酒，說：「我也是啦，要創業，一路走來要吃很多苦，我都是將吃苦當作吃補啦。」其他人，一邊喝酒一邊說：「我們做生意都是腳踏實地，很努力很誠實，否則不可能成功的。」

我去吃一頓飯，聽到這些商場上的英雄如何成功的第一手資訊，順便寫出來跟各位分享。你事業要成功，真的要先學會付出，成功真的不是憑空從天上掉下來的。

## 三十三、打官司要靠專業，不是會講話就行

唐．散文家韓愈《師說》：「是故弟子不必不如師，師不必賢於弟子，聞道有先後，術業有專攻，如是而已。」講的是知悉道理有先有後，各種學術、技術、專業、行業、事業、職業各有專門研究。尤其是打官司，上法庭講話，差之毫釐，失之千里，真的是要靠法律專業。

話說，有一位大學教授，請我打一件民事訴訟，依法我代理自行到庭即可，但他認為自己很有學問，喜歡跟班，我又不好拒絕。每次開庭，我陳述完後，他總想要再抒發己見，畢竟他有自己見解。他的發言對案件來說，其實沒加分，反而增加敗訴的風險。因為我主張的，可能被他推翻掉。法官也很困擾，但不讓他說話，他會抱怨。讓他陳述，他會不著邊際的長篇大論，但他說的話，書記官一句也沒記錄。

有一次，他坐在我旁邊舉手就要發言，我在旁邊，猛踢他的腳，暗示他不能再講了，因為他這樣主張是對他不利的，但他反應不過來。法官終於按耐不住，開金口了：「你講的，跟你的律師剛剛講的，是有矛盾的，你真的要這樣主張嗎？這樣主張對你

真的比較有利嗎？你要不要再跟你律師確認一下？」他才問我怎麼辦？我只對他說一句話：「你馬上跟法官報告，以我主張為準。」才將窘境化解掉。

很幸運的，案件最終獲勝訴判決，這要歸功於遇到一位體貼的好法官，否則那個案件，若是根據他的主張，肯定要敗訴了。

# 三十四、車禍案件，對方獅子大開口索賠

宋．黃庭堅詩云：「利欲薰心，隨人翕張。國好駿馬，盡為王良。不有德人，俗無津梁。德人天遊，秋月寒江。映徹萬物，玲瓏八窗。於愛欲泥，如蓮生塘。處水超然，出泥而香。孔竅穿穴，明冰其相。」這首詩，描寫人貪戀財物，利欲薰心的情景。在處理法律案件時，遇到這種案例的還不少，像車禍案件，就是一個例子。

話說，我有一當事人甲先生在中央某部會工作，某日駕車被一機車女騎士輕微擦撞，女騎士車倒人骨折受傷。事後，女騎士去警局告他過失傷害等刑責，交通事件裁決所裁決甲先生吊銷駕照三年並罰鍰六千元。甲先生為此奔波警察局及裁決所做筆錄多次，並常去醫院探訪女騎士，向她明確表示願意補償所有醫藥費，並盡一些道義責任，然女騎士卻要求他必須賠償二百多萬元始願撤回告訴。

甲先生認為女騎士自己騎車闖入快車道有過失，卻獅子大開口而拒絕。甲先生直到接到檢察官開庭傳票，終於憋不住了，人憔悴很多，才來找我辯護。我了解事情始末後，大略了解女騎士之告訴確實有不少疑點，但我仍先聲請檢察官移送調解，試試

甲先生能否花點錢即可和解消災，然女騎士姿態很高，拒絕調解，並另行提起二百多萬元之損害賠償之民事訴訟。

我即代理他以交通事件裁決所為被告提起行政訴訟，請求法院撤銷該吊銷駕照等處分。總之，甲先生發生一次交通事故要打民事賠償、刑事過失傷害及行政訴訟等三種官司。

法官與檢察官都根據我的聲請鑑定車禍肇事責任，開庭時也當庭播放肇事地點錄影帶，讓雙方攻防。這樣子來回法院、檢察署多次，歷經一年餘，最終檢察官對甲先生做不起訴處分，行政法庭也撤銷交通事件裁決所處罰吊銷駕照三年及罰鍰處分，同時民事庭也駁回女騎士的請求損害賠償訴訟。

甲先生被折騰一年多，這時才恢復笑容，而女騎士當初若願意來調解，至少甲先生也願意接受我的建議，給他幾十萬元之道義補償。如今，已回不去了，女騎士一毛錢也拿不到，她一定悔不當初。

# 三十五、老夫外遇對象很醜，被妻告通姦

清．著名詞人納蘭性德詩云：「人生若只如初見，何事秋風悲畫扇。等閒變卻故人心，卻道故人心易變。驪山語罷清宵半，淚雨霖鈴終不怨。何如薄幸錦衣郎，比翼連枝當日願。」白話的意思為，人生如果都能像初次相遇那般相處該多美好，那樣子就不會有現在離別相思之苦了。如今他輕易變了心，你卻反而說情人間就是容易變心的。想當初唐明皇與楊貴妃的山盟海誓猶在耳邊，最終卻做決絕之別，即使如此，也生不得怨。但你又怎能比得上當年的唐明皇呢？他總還是與楊貴妃有過比翼鳥、連理枝的誓願。

上面，是一首擬古之作，是以女子的口吻控訴男子的薄情，從而表態與之決絕。可是，人非堯舜，誰能盡善？夫妻間若發生情變，雖然透過法律途徑可以處理，但終究容易引生很多後遺症，我幾乎都是勸當事人能私下協商解決，列為首要。

話說，我有一位當事人為七十六歲女士。她想委託我告訴她七十八歲的丈夫與她丈夫的八十二歲表姐通姦。我問她為什麼要提告？她說，我比他表姐年輕漂亮又有錢。

我先生憑什麼會去喜歡一個又醜又老的表姊？他交的小三若是年輕貌美的狐狸精，算他有本事我也就認了。但是他的表姐又老又醜，他們兩個居然勾搭在一起，對我是一個莫大侮辱，所以我一定要提告他們兩人通姦罪。

我回答她說，你們兩人年紀都已不小，應該是兒孫滿堂了。一旦妳對妳的丈夫及表姊提出刑事告訴，醜事很容易傳千里，彼此都很難堪。不如我寫兩封律師函去告訴他們，請他們來我這裡寫切結書，保證以後不許再有曖昧關係，否則你會提出民刑事的訴訟，如何？她左思右想，衡量提告後之利弊得失，終於接受我的建議了。

後來她的丈夫及表姊都來本所寫下切結書。這件事，就在神不知鬼不覺的情況之下，終於和平落幕了。

# 三十六、沒證據，很難打贏官司

三國．魏．徐幹《中論．貴驗》：「事莫貴乎有驗，言莫棄乎無征。」這兩句話的大意是，沒有什麼比有證據的事更為可貴，沒有什麼比無根據的話更應該被拋棄的。前句從正面指出事實有證據的可貴，後句從反面提出所說的沒根據就會被捨棄。可見事實勝於雄辯，事實有證據才能經得起實務的考驗。東漢哲學家王充《論衡．薄葬》中說：「事莫明於有效，論莫定於有證。」意思為，具有效益的方法才能說明事情好壞的問題；有確鑿的證據才具有說服力。上面兩例所說的，都強調證據的重要。打官司當然著重的是證據，沒有證據即使你說的是事實，也有可能含冤莫白。

話說，多年前，有一位明星高中退休女老師找我辦一民案。她說，她在十幾年前買了一屋，價金新台幣一千多萬元都付清了，但建商突然到法院以她未付清尾款為由，主張解除不動產買賣契約，要求要回房子之所有權。我問她怎麼證明已付款？她一時驚慌也答不出來。我請她喝杯水，不要緊張，慢慢想，我接個電話再答覆我。

一會兒之後，她的思緒稍漸平復，跟我說印象中她拿現金跟朋友換一張支票，就將支票交給建商。案情似乎露出來曙光，我請她趕緊去問朋友提供那張支票明細給我，我聲請法院去銀行調閱那張支票出來，案情就可大白。

這位女老師很配合，約十幾天後就將支票明細給我，法院也依我的聲請去函銀行查詢。很不幸的，銀行回覆該支票已存檔超過十年，被銷毀了，女老師馬上又陷入愁城。我跟法院聲請再給我一點時間，會再舉證，法官很體貼，照準。

這段時間我私下去拜訪該銀行，詢問該支票是否超過十年一定會被銷毀？銀行幹部知道我來意，很幫忙，偷偷跟我講，有些舊倉庫的存檔，可能還存在，沒被銷毀，我即稱謝離去。

我平時辦案，鮮少去麻煩立法委員，為此案，我特地去立法院拜訪一位我熟識的知名立委，我是該位立委的常年法律顧問。她跟我說，該銀行離立法院不遠，她想親自陪我去該銀行。經該立委辦公室的聯絡，數日後，我跟立委即共同至銀行。我們人未到，銀行董事長與總經理等幹部，早已在銀行大樓的一樓等候我們了。我將預先準備文件交給董事長及說明案由，董事長當面表明願意盡力查明協助。他們願意協助，當然要歸功於立法委員親自出馬，才能獲得如此高規格禮遇。

約一個星期後，銀行撥電給我，支票真的找到了，我跟他們道謝，並請其先傳真一份給我，同時請他們正式再發函回覆法院，最終這個案子獲判勝訴確定，女老師得知判決後，激動得哭出來，並頻頻向我道謝。我在此特地向這位協助我的立委及銀行致謝。同時也呼籲各位，買賣房屋時，所有文件、付款單據，不管時間經過多久，務必保存好，因為這是購買房產的證據。

## 三十七、拒絕女客戶邀約，避免粉紅色陷阱

「君不見，如花女子誰不戀？只緣面嫩怕風吹，幾回躲避桃花畔。又不見，吳王樓船載西施，蕩漾中流炫顏色，一朝越兵過行春，等閒笑裡姑蘇失。」此為《示如印觀身歌》其中之片段句子。又有詩云：「二八佳人體似酥，腰懸利劍斬愚夫。雖然不見人頭落，暗裡教君骨髓枯。吃酒不醉最為高，貪色不戀是英豪。愛財留道莫截路，閒氣少生方為妙。」說的都是，男人一旦遇到羞花閉月、沉魚落雁的女子，十之八九都是英雄難過美人關，可見溫柔鄉是英雄塚，一點都不假。律師行走江湖偶爾也會遇到此情形，說說跟各位分享。

話說，有一次一位女當事人，晚上近十二點突然打電話給我。一邊哭訴她在訴訟中頗受委屈煎熬，一邊說她心情惡劣想自殺一了百了。說完，又補了一句，律師你一定要來救救我，否則等一下我想不開，就跳樓了。我當下，盡量說一些安撫她情緒的話，她則又反反覆覆說她想跳樓自殺，情況有點緊張又棘手，處理不好，還有可能鬧人命呢。

我當下即回她，我約半個小時以內一定趕到，要她絕不可做傻事。這麼一講，她的情緒終於和緩下來了。接著，我就看手錶，過了約二十五分鐘，我就打一一二報警，並向警察表明我的身分及剛剛事發經過，請他們到現場了解一下，以防萬一。事後，警察回覆我說，他們兩位警察三分鐘內就趕到現場，那位女子嚇了一大跳，真的有開門，他們進去後，那位女子直問，律師怎麼沒來而是你們來？警察就根據我交待的說，律師車子開太快了，車子在路上跟人有輕微擦撞，正在處理中，所以請他們過來關心。

警察還說，他們在屋內四面八方查看一下，並觀察該女子的神情，判斷應該沒什麼異樣，停留一下子才出來。警察跟我輕鬆簡單對話，並問我，大律師你怎麼都不擔心她真的跳樓自殺啊？我回說，她給我的地址是二樓，你們知道的，就算她真的跳下去，應該死不了的，警察一聽就笑出來。最後並半開玩笑跟我說，大律師，你那位客戶長得滿漂亮，還穿蕾絲邊的睡衣，害我們都不好意思直看，還好律師你沒有來。我連忙向警察稱謝，始避免當晚可能的不必要陷阱。

# 三十八、農曆年前，老客戶來送紅包

晚唐文學家皮日休詩云：「分明仙籍列清虛，自是還丹九轉疏。畫虎已成翻類狗，登龍才變即為魚。空慚季布千金諾，但負劉弘一紙書。猶有報恩方寸在，不知通塞竟何如。」說的是感恩的情境。感恩起始於人性良知，亦即滴水之恩，當湧泉相報的精神。律師在打官司的過程，都會陪當事人走過一段艱辛的路程。這種遇見，也許是偶然，也許是生命中的注定。當官司勝訴了，有些當事人，一輩子刻苦銘心的感謝你，實在令人難以忘懷，試舉一例，與各位分享。

話說，約二十年前的一位老客戶。他請我辦幾件訴訟案，很幸運都勝訴了。有一次春節前三天左右他來訪，開口就說：「張律師，你養那麼多員工，過年要發薪水，又要發年終，我帶來一張已蓋章的支票來了，這個月你要發多少薪資，你自己就填個數字就可以了。」我聽後回他說：「你的心意太令我感動，我心領就可以了，你之前有付律師費給我了，今天這個錢，我不能收。」但他，不接受。跟我講：「我身上有充裕的錢，我年紀大了，也花不完，我要搬回大陸老家住了，算是落葉歸根。你幫我打贏的官司，對我太有意義了，我非常感謝，你就讓我表示一下謝意，我心裡才痛快，拜託你不要拒絕，好嗎？」我推辭數次，他還是很堅持。最後，我跟他說：「好吧，你就自己填個小數字，意思一下就行。另外，你每年有回台灣，就來找我，我請你一起吃飯，如何？」他終於開心說，好，一言為定。然後，他就自己填寫支票，我剛好要接一通電話，他已將支票寫好，並裝入信封，等我掛斷電話，他就親手交給我，我說我打開看一下，他說等他離開事務所再打開，拜託。我說，那怎麼行？他就是要我晚點再打開信封。我說，可以，那等一下我請你一起吃飯，如何？他立即出示機票給我看，大約三、四小時後，他要飛去大陸了。我說，那你回來，找我，我補請你，他說好。等他離開後，我請助理打開信封，發現支票寫的金額遠超過我那個月要發的薪資總額。我沒立即去提領，希望能聯絡上他，擬原票退回。但經過長時間，仍沒他消息，最後就把支票先行提領兌現。直到現在，我一直聯絡不上他，老先生他也一直都沒再出現過，如果健在，應該有九十幾歲了。快過年，又想到他了，我特寫這篇短文以示致謝。

## 三十九、確認認領無效，喪失繼承權

先秦《衛風・木瓜》：「投我以木瓜，報之以瓊琚。匪報也，永以為好也！投我以木桃，報之以瓊瑤。匪報也，永以為好也！投我以木李，報之以瓊玖。匪報也，永以為好也！」寫的是，你不論拿木瓜、木桃或木李贈與我，我都會拿美玉作為回報。這不僅是為了答謝你，而且是珍重彼此情意永相好。一般人是這樣，對待家人亦應如此，否則彼此關係恐怕會惡化。

話說，有一位九十幾歲的老先生於過世前，找我辦一案件，聲稱其年輕與妻子結婚時，妻子與前夫生有一子，兩人結婚時，妻子請求老先生「認領」該子，老先生慨然認領，並且視同己出，養育成人。而如今該兒子已五、六十歲了，卻不曾照顧老先生，連彼此在路上擦身而過，兒子也不對老先生打招呼。

老先生有財產，妻子早已過世，他不想將來讓認領的兒子繼承，問我如何處理，可以完全滿足他的心願？經我了解老先生與該名兒子實際上並無血緣關係，而依法律規定，因認領而發生婚生子女之效力，須被認領人與認領人間具有真實之血緣關係，老先生當年之認領行為依法應該無效。老先生不想讓兒子繼承，其實還是有一些其它方法的，但釜底抽薪最直接的方式，不如切斷法律上父子身分關係，兒子自然沒有繼承權，也可避免以後彼此法律關係，糾纏不清。

老先生接受我建議，提起確認對於該兒子為之認領行為無效之訴，最終法院判決如老先生所願。老先生過世前幾個月，並將所有財產贈與照顧他生活起居的友人，這位友人，突然獲得一間台北市的房產，完全出乎其預料。

# 四十、互換名片，對方就要來借錢

明初施耐庵《水滸傳》第三十三回〈宋江夜看小鼇山，花榮大鬧清風寨〉詩云：「花開不擇貧家地，月照山河到處明。世間只有人心惡，萬事還須天養人。」意思是說：好花不會開在貧瘠的土地上，但是月光卻可以照亮無際無邊的大地。世間人心險惡難測，萬事尚須祈求蒼天助你。這應驗了俗話所說，知人知面難知心，防人之心不可無。律師面對的人生百態也是如此。

話說，有一次某個社團，邀請我去演講。演講前，我先坐在第一桌，社團領導人一一幫我介紹同桌的人，彼此就互換名片。說實在，這樣互換名片的場合還不少。換了名片，除非對方身分很特殊，否則其實很難記住跟你換名片的人。

幾個月之後，我突然接到一通女子的電話，跟我說，她是我的老朋友，要跟我借十萬元。我問她是誰？她就說出名字，我說，我沒印象，妳應該找錯人了。她居然說，幾個月前，我們在某社團見面換過名片，我怎麼忘了？我回她說：「很不好意思，時間久了我沒有印象，何況即使我記得妳，妳要借錢應該去找銀行才對。」

她聽了，居然回我說：「張律師，我長得很漂亮耶，你怎麼會忘記呢？」然後就掛斷電話了。暈！也許是我的錯，不應該忘記美女；也許是我的錯，應該大方借她錢；瘋了，借錢給一位陌生美女，這十萬元以後要得回來嗎？哈哈！各位，如果你是我，你會如何應對？你會借她錢嗎？世間人心有時真的險惡難測，凡事尚須謹慎為要。

# 四十一、為了趕開庭，在高速公路飆車

在高鐵尚未通車之前，坐台鐵南北往返一般較花時間，因此有時我為了趕時間就自己開車去法院。有一次，我去台中開庭，因為法官問案耗費太多時間，以致開完庭後，距離我在台北的另一案開庭時間，距離有點緊張了。

我擔心趕不上開庭，所以開車速度自然就加快了，尤其車子一上高速公路，除非遇到雷達拍照之路段外，幾乎都踩足油門狂飆。熟料，經過新竹路段後，我發現前方有兩部警車，後方也緊跟一部警車，共計三部警車方前後示意我靠邊停車。哇！我應該是車子開太快了。

下車後，我出示身分證及律師證給警察，並向警察說明，我趕著趕回台北的高等法院開庭，應該是超速，驚動他們了。他們三位聞言都笑出來了。其中一位警察說：「大律師，你知道你開多快嗎？我都幾乎追不上耶。」我回說：「確實開很快，真的不好意思，罰單該怎麼開就怎麼開，但等一下，請你們三位往南走，就不要再跟上來了，否則我就趕不上開庭了。」

我一說完，他們三位都沒講話，開了一張罰單給我即示意我離去。我稱謝上車後，仍然一路踩足油門往北行駛，三位警察很通情理，沒再追上來了，我就這樣一路狂飆到台北。到了市區一看路邊有停車格，我馬上就停車，並立即攔了一輛計程車飛奔到法院，到時，距離開庭約只剩幾分鐘而已。

我迅速穿上法袍，即從容走進法院，法官及當事人沒人知道，剛才我是在高速公路一路飆車過來的。

# 四十二、醫療糾紛多，醫師也難為

唐．蘇拯詩云：「古人醫在心，心正藥自真。今人醫在手，手濫藥不神。我願天地爐，多銜扁鵲身。遍行君臣藥，先從凍餒均。自然六合內，少聞貧病人。」「醫者在心，心正藥真」，這是自古以來人們的共識。蘇拯的這首「醫人」的詩，可以說是古代對於醫德醫風最具有代表性的概括。醫者，之所以受到人們的普遍尊敬，在於他們救死扶傷的醫術，更在於他們悲天憫人的情懷。自古至今，人們對於醫生這一職業都是十分尊敬的。華佗、扁鵲、孫思邈這些神醫的故事，也在民間廣為流傳。

在台灣、日本、韓國與美國等地，醫生是一個普遍受到尊敬的行業，擁有較一般行業高的報酬與社會地位，也是一般人嚮往的職業。這個現象從你要進入醫學院就讀時起，都是相當競爭的過程，以及入學者，必須具備優異學業條件即可看出。

很多人羨慕醫師行業。但是，你可能不知道醫師也有不為人知辛苦的一面。我辦過不少醫師涉訟案件，案情五花八門：有割雙眼皮大小眼的；有割眼袋吊眼睛的；有接生出問題的；有看超音波被認為誤診的；有開錯藥吃死人的；有開刀造成重殘的；

有醫治鼻子被告傷害的；更有被道上兄弟勒索的；有被恐嚇，裝防彈玻璃的；糾紛類型，不一而足。

真的是家家有本難唸的經，做一行怨一行，百行百業，都有它辛苦的一面，只是我們沒深入了解而已。可見，我們有能力工作，而且能快樂的工作，是一種福氣。

## 四十三、與枕邊人好聚好散，不要打官司

《莊子・大宗師》說：「泉涸，魚相與處於陸，相呴以濕，相濡以沫，不如相忘於江湖。」白話文的意思為，泉水於乾涸後，兩條魚因未能及時離開，終被困於陸地的小窪。牠們為了生存下去，彼此從嘴中吐出泡泡，用自己的濕氣來濕潤對方的身體，互相扶持、依賴苟活。但與其如此，還不如各自回到廣闊的江河湖海，回到各自的天地，彼此相忘，自由自在。換句話說，夫妻同甘共苦，相濡以沫的生活，或許會令人感動，但魚需要的是江湖之水，而非相濡以沫。一旦執著於相濡以沫，便會使自我和對方都陷入一種有害的境地，無法獲得真正的幸福；不如彼此「相忘於江湖」在自己適宜的地方生活。

我自執業律師以來，婉拒不少離婚訴訟案件，因為夫妻若對簿公堂，互相指責，實在難堪無比，到目前為止我所辦的離婚訴訟案件應該只是個位數。我認為男女不管是要離婚或分手，最好是用最和平的方式，否則不僅會搞得烏煙瘴氣，甚至兩敗俱傷。因為，你的枕邊人是你最親密的人，對你的弱點瞭若指掌，一旦變成對手，那是最恐

怖的敵人。對方不出招則已，一出招，肯定是招招斃命。

緣起緣滅，緣聚緣散，所以凡事不用強求。夫妻間緣來時，就珍惜，緣滅了，不要口出惡言，最好是不要打官司，好聚好散。

# 四十四、法官上法庭，壓力也很大

有一次我去喝喜酒，旁邊剛好坐一位法官，我們自然就聊天起來，而話題還是離不開本行。他問我：「現在律師好不好幹？」我回說：「若要認真幹，很辛苦；隨便幹，易傷德。」我接著說，我有一些朋友來問我，要不要讓小孩走司法這條路？我的意見是不反對，但也不鼓勵，除非小孩對法律很有興趣。他說我講得很有道理，他很贊同我的意見。

我問他：「就他個人而言，法官工作對他壓力大不大？」他回答：「當要決斷是非寫判決書，有時很糾結，壓力有點大。開庭前要熟讀卷證很費時，我最不喜歡的工作就是開庭，因為問案時，壓力特別大。」我回說：「問案時，法庭內你最大，底下的當事人、檢察官或律師在攻防，應該壓力比你大才對。」他回我：「理論上是這樣，但我要迅速回應雙方攻防，壓力就產生了，有時內心很緊張，只是外人沒察覺而已。」

所以，你就知道，上法庭，幾乎庭內的每個人，包括法官都有很大壓力的。一般而言，被告及證人，從接到傳票那天起，心情會受到嚴重影響，去吃大餐者，食之無味；要睡覺者，夜難入眠；壓力之大可想而知。

你能做的，就是希望這輩子都不要上法院，這樣就可免除上法院的壓力，但這似乎不是你可決定的，是吧！

# 四十五、對造不和解，打官司打到中風

清代大學士張英〈六尺巷詩〉云：「千里修書只為牆，讓他三尺又何妨。萬里長城今猶在，不見當年秦始皇。」寫的是，張英老家的人為了蓋房搶地界，寫信給張英，希望張英以他位居高官的身分，能出面勸對方可以讓出地界，結果張英未從，反而寫了這首詩勸家人讓出地界。家人收信一看深為慚愧，即主動讓出三尺地界，而對方見狀也被張英的大度感動，也主動讓出三尺地界，結果鄰居蓋房，中間的地界變為六尺，這就是有名「六尺巷」的由來。所以，有時候，不爭比去爭獲得更多；退一步並非吃虧，反而能創造更廣闊的天地。

話說，我辦了一件家族財產繼承案件，這個家族在台北市約有幾十間的不動產，兄弟姊妹有好幾個，父親早就過世了，獨賴母親與長子努力工作以養活全家，進而累積不少財富。他們幾個兄弟姊妹，唯獨其中一人與其他兄弟姊妹不和，意見也不同。這位意見不同的對造，學歷最高，跟母親分別住在同一棟公寓的上下樓層，但十幾年來不跟母親往來，連在路上擦身而過，從不打招呼。自從母親年老並得了失智症後，這位學歷最高的老二，就開始與大哥及其他兄弟姊妹為了財產爭執訴訟了。我受大哥及其他兄弟姊妹的前後分次委託與這位老二訴訟。

我原先認為只有一個案件糾紛，但是這位老二，一個案件敗了就上訴，上訴敗了，就換告別件，別的案件告輸了就告其他兄弟姊妹，一個案件打下來至少要花費一至三年不等，才會有個結果。如此告下去，真的是沒完沒了。我開完庭後，數次在庭外跟這位對造當事人說，官司這樣打下去，你們到最後是兩敗俱傷，和解是最好的處理方式。但是這位老二，就是聽不進去，堅持要打官司。結果他打的官司，前後已換了十幾位律師跟我打，還是一路輸；但他就是不願意和解。直到有一次開庭，我發現他在法庭上，已沒辦法再像以前一樣，可以大呼小叫了；而是走路步履闌珊，講話氣若游絲，才知道他已嚴重中風了。

這個案件，他最後還是敗訴。大概他已力不從心，才沒有再上訴。之後，他們家族的糾紛才平息下來。想想，這位對造，之前他若接受我的建議而和解，他們的家族就不必打那麼多的官司，而這位對造也許也不至於中風。

詩人李白寫過：「浮生若夢，為歡幾何。」的詩句，人生確實是「來時無跡去無蹤，來與去時事一同」。清代有一本著名的書叫《浮生六記》，該書名即取自「人生如夢，悲觀幾何」之意。我的體驗是，有時打官司並不能解決所有的事，在放下的那一刻，你才會發現，你才真正地擁有。

# 四十六、坐計程車，司機常不拿車資

我去法院開庭，除了有些當事人來開車來載我一起過去外，大部分都是坐計程車過去，有時一周到處跑要坐三十幾趟，你就知道我們這個行業跟計程車司機的關係很密切。司機在車上會跟我聊天，聊天的內容五花八門，此時即可了解最基層勞工的思維與想法；若你要掌握社會脈動、接地氣，多跟計程車司機聊天應該是個途徑之一。

我搭乘計程車去法院，車資一般大約花二百元左右，有時三百到五百元不等。早期我幾乎每天上法院，大部分的司機，在我一開門上車，表明要去法院後，幾乎都會問我：「你是大律師喔？」他會這樣問我，大概跟我去的目的地是法院，穿西裝打領帶，又提個公事包，一眼就可判斷出身分有關。就像我若搭計程車去大學教書時，只要表明目的地，司機第一句話就改問我：「你是大學教授吧？」如果我假日改穿牛仔褲及T恤去喝咖啡，泡咖啡的小姑娘，就稱呼我大哥了。可見，我們平時的穿著，多少會形塑我們的形象與身分。

我坐計程車時，不少司機會諮詢我法律問題，他們問的問題包羅萬象，其中以車禍、房產買賣、財產繼承、夫妻離婚等案件的法律訴訟或相關法律問題最多。一般而言，司機載我抵達法院之前，我在路上幾乎就已經給他們重點指導完畢了，效率極高。我看他們，在獲得我的法律指導後，幾乎都面露滿意的笑容，並連連對我稱謝。下車時，我每次拿出皮夾要付車資時，都被他們拒絕；但我心想人家開計程車，整天大街小巷奔波，小本生意，賺錢也不容易，我是堅持要付車資的；但他們會對我說：「大律師，我請教你法律問題，你都沒收我費用，反而我要收你車資，豈不是顯得我太小氣，不知禮貌了？」你看人家話都說到這裡了，我只好遞給他一張名片，並稱謝離去。

《詩經・大雅・抑》說：「投我以桃，報之以李。」感恩應該是一種人性美麗優雅的生活內涵與態度；感恩他人，也可算是善待自己，自我昇華。我單就坐計程車去法院開庭，與司機短暫的相處，都可彼此遇到無數個感動靈魂的光。

# 四十七、執業多年，被律師公會肯定

唐代杜牧詩云：「瀟灑江湖十過秋，酒杯無日不淹留。謝公城畔溪驚夢，蘇小門前柳拂頭。千里雲山何處好，幾人襟韻一生休。塵冠掛卻知閒事，終擬蹉跎訪舊遊。」大意是指，瀟灑不羈飄蕩江湖十多年了，終年沉醉於酒杯。一朝驚酣夢醒，始悟到辭官歸老是平常事，可是天下有幾人能淡定自處？我們律師同道，有的人為了應酬，確實是酒杯「時常」在淹留。萬一有的人是酒杯「無日不淹留」，滿臉通紅一身酒氣上法庭，那肯定是會出狀況的，這種案例在業界也不是沒聽過。無論你喝酒頻繁與否，多少也反映律師這一行業，有它難為的一面，各行各業，應該也有這種情況。

我執業律師，可說是飲馬江湖，仗劍走天涯。說實在，我沒這個本錢，可以像杜牧那樣「瀟灑江湖十過秋，酒杯無日不淹留」。我兢兢業業於工作，可謂已磨劍多年，多少有做點事，逐漸引起律師公會全聯會注意了，並先後聘我擔任法規委員會、編輯委員會、律師倫理委員會委員。律師全聯會出版的《全國律師雜誌》，並邀我擔任編輯委員。平心而論，我完全不覺得去擔任這些委員職務有什麼過人之處，只覺得身為律師會員，大家分攤力量為公會做一點事而已。可是被選去擔任這些職務，我的內心是有一點開心的，因為至少這是公會對我的一份肯定，而且也表示在律師界已經有不少同道開始認識我這個人了。你看過武俠小說就知道，在武林大會上，如果江湖上已經有不少各大門派可以叫出你的名號，那就表示你已不再是沒沒無聞的江湖小卒了。

有人說：「天下風雲出我輩，一入江湖歲月催」，你也可形容是「滾滾長江東逝水，浪花淘盡英雄。」不論是哪一種情境？寫到這裡，讓我想起距今應有二十年以上的光景了。有一年律師公會全聯會選了四位律師，代表公會至法務部及司法院開會，我列名其一，其它三位律師都是我的前輩，論年齡資歷肯定都是叔伯、老師輩分了。我約略記得似是去參加什麼司法建言之類的會議。開會當天，我亦步亦趨跟著三位前輩前去，一切行動全都聽他們指示，一點也不敢造次。當天先後到了法務部及司法院，帶隊的前輩特別對我耳提面命：「你記得輪到我們律師公會代表發言時，你就要第一位站起來講，你能講什麼就盡量說出來，這是代表我們公會，不要讓場面冷下來，千萬記得。」我不認為現場氣氛需要那麼緊張，立即恭敬的回說：「報告道長，我知道了，這種小場面本來就應該由我小將打先鋒，豈有大將先行亮劍之理？」我這麼一講，逗得三位前輩哈哈大笑，至少氣氛輕鬆了一點。

我當年是初生之犢不怕虎，就不顧坐在前面的部長或大院長有多威風了，輪到我們律師公會代表發言時，我真的是第一位站起來大鳴大放，知無不言了。也許，我講的內容切中要害，中午幾家電視台趁著休息空檔來採訪我。隔日，我接到好多朋友的電話，說看到我在電視上接受採訪，並讚美我講得很好。我回說，記者要採訪我的前幾分鐘，就已事先告訴我他們要問的問題了，我是有幾分鐘整理我的思緒的，你說我還會講得太差嗎？他們聽後哈哈大笑。我這些朋友，肯定參加過童子軍，奉行日行一善的銘言，才會不吝誇讚我。時間距今那麼久了，到底當年我具體講了什麼內容，老實說，我現在也記不得了。

晚上，司法院長及法務部長會同眾多的幕僚人員，在餐廳席開數桌，我們四位律師代表也在受邀聚餐之列。這時，我環視全場一下，發現全台灣的司法高官，幾乎都在這裡了。有點「今夜良宴會，歡樂難具陳。彈箏奮逸響，新聲妙入神。」的味道。在律師生涯中能有機會與這麼多的司法大員，同桌用餐互相敬酒，算是很特別的經驗了。說它「特別」，是因為除非是司法官信得過的同學朋友，否則為了避嫌，法官或檢察官是不會跟你一起吃飯的；遑論是與法務部長或司法院長一起用餐了。

我記得，我日後去英國攻讀博士時，國內有一家律師事務所，曾經委託我去英國法院辦一件強制執行事件。該案件進行中，法官通知兩造到院說明，及試行協商和解等相關事宜。我去法院表明身分後，法官的助理出來，先行倒了一杯咖啡及點心給我享用，對造來了，她也是如此招待。等你喝點咖啡後，法官出來了，法官也自行倒了一杯咖啡飲用。兩造就與法官坐在同一張圓桌先輕鬆聊幾句，然後就開始協商了。這種喝咖啡協商方式是很不錯的，但若要引進國內施行，單就請你「喝咖啡吃點心」的招待方式，恐怕就會引生一大堆問題出來了。《晏子春秋》曾記載一則〈南橘北枳〉的故事。大意是說，橘樹栽在淮南就是橘，把它種在淮北就變成了枳。可見同樣的事物，因為環境的不同會發生改變。

# 四十八、決定半途休息，隱匿於市井之中

中國道家哲學思想認為：「小隱隱於野，中隱隱於市，大隱隱於朝。」因而認為最高層次的隱逸生活，不一定要隱居山野，哪怕身處都市繁華之中，甚至是身處朝堂之上，只要找到心靈的淨土，便能找到一份寧靜獨善其身。一般人遁世於世外桃源，忘卻俗事，那只算是小隱。有能力的人臥虎藏龍，隱匿於市井之中，那便是中隱。最頂尖的人，大智若愚，雖隱身於朝廷，忙於時政，卻能淡然處之，這才是真正的大隱。如果你想當官又能如願，你就可美化自己是大隱了。我每天忙於律師及教學相關工作，哪在乎是屬於哪種隱了？

說實在的，台灣的律師行業，經過每年大量的律師錄取，盛況已今非昔比了。我曾受聘考試院去改律師考卷，改考卷時是整箱整箱的試卷在改，錄取的人數幾乎年年有增無減，試問那麼小的台灣，能有多少案件可讓律師辦？這時，你就知道台灣實際上是不須那麼多人去念法律系的。我常聽到同業間常戲稱律師業已是「黃昏行業」了，有的律師沒案子辦，就只能靠寫簡易狀紙謀生，

那就淪為廉價的「夕陽手工業」了。我事務所不少受雇律師，陸續出去自己開業，私下跟我反映的情況，也大致如此。所以這個行業，不是外人想像那樣，有張律師執照，人人都風光無限了。

我江湖奔波，嘗試「十年磨一劍」。每天忙著接案辦案，晚上並到補習班兼課，就像嗡嗡的蜜蜂「紛紛穿飛萬花間，終生未得半日閒」，那時每天最奢望的一件事，就是能睡飽一點。我開業之初，並到補習班兼課，其實這份收入是足夠我的事務所及家用全部開銷的，我去兼課完全是預防若白天事務所沒有收入，則該份收入足以備用。

很幸運的，我從事務所開張的第一個月起，業務就蒙上天的眷顧，從多方面取得案件承辦。其中之一，我的辦公室經常有不少補習班的學生來喝茶或邀我吃飯，因此就有好多學生介紹案件給我辦，真的是無心插柳柳成蔭。他們介紹給我辦的案件，真的超乎我想像的多，我真的必須在此，對那些照顧我的學生，公開說謝謝。因為白天忙完，晚上又要去兼課，我的體力負荷不了。因此，我就提早向各家補習班放出風聲，我想辭職了，好讓他們盡速找人。有一家補習班以為我嫌他們給的鐘點費太少，竟然請會計小姐出示所有老師的薪資表給我看，並說他們給我的鐘點費是最高了，如果我不滿意該鐘點費，我可以自己加薪云云。我回說，不用看薪資表，你們真的誤會了，我真的是體力不支了，才要辭職。另外一家補習班的老闆，對我的辭職很不開心，也是認為我被他們同行挖角了。為此，我就把我近三個月的行程及法院的開庭通知書全部攤開給他看，這位班主任對我的心結才終於釋懷。其實，我也捨不得辭職，因為這裡讓我有揮灑空間，又讓我得到一份豐厚的收入，何況，他們待我不薄。

我的律師執業生涯，已超過三十幾年了，除了扣除我去英國攻讀博士那段時間，以及回國之後的幾年外，其中有一、二十年的假日，我幾乎都是在加班度過。以前，我經常將很多卷宗、受雇律師、助理寫的狀紙及書類裝在大的旅行箱，帶回家讀閱修改，我的鄰居碰到我，經常跟我說：「張律師，我好羨慕你啊，你經常出國旅遊。」我回說：「這是天大的誤會，我才羨慕你有假日呢！」逗得彼此哈哈大笑。我有兩個小孩，沒一個人是學法律的，因為從小到大，別的不說，光是看到我的工作量就嚇壞了。陶淵明寫的詩曾說：「結廬在人境，而無車馬喧。問君何能爾？心遠地自偏。」如果把我的工作讓陶淵明做個十年就夠了，我就不相信，陶淵明還能說出「問君何能爾？心遠地自偏」那麼輕巧的話來。你想想，在繁華的台北鬧市中，一個人長期在辦公室加班，而能夠保持心靈的淨土，不被外界干擾，那絕對是體力的煎熬，也是心靈最極致的修煉。

# Chapter 3

## 勇者的逆旅：
## 事業巔峰歇業、赴英留學、重披法袍

## 一、長期工作勞累，著手準備歇業

唐，張華詩云：「一生百年凡塵苦，風華燃盡指間輸。人間歲月盡虛度，崎嶇坎坷走迷途。梅傲寒霜香如顧，旭日依舊東方出。回首前世無為路，心力衰竭神形枯。」這首詩描寫人間凡塵之苦，風華只是過眼雲煙，人總是心力衰竭虛度歲月的情景。我從事律師的工作，幾乎每天及假日都在加班，雖然沒像詩中所述「人間歲月盡虛度」、「崎嶇坎坷走迷途」的情形，但是我的十餘年工作量，其實已相當於一些同業律師工作二十年的工作量了，這表示我的心力已過度勞累了。我頗有幾分「莫道煩愁誰人懂，世間負累幾處同？」的情境。

我開始思索我未來的人生道路，決定要休息了。我的休息，不是自我放假幾個月，跑到鄉下去追逐藍天白雲，倘佯於青山綠水之間，享受蟲鳴鳥叫的生活。我的休息，也不是出國去海島度假，每天約美女在沙灘上散步撿貝殼，然後黃昏時向夕陽揮手道別；晚上就泡在一間有美女陪你聊天的小酒吧，滿足一夜不醉不歸的生活。

我的休息，有點像「倚樓聽風雨，淡看江湖路」，將我經營的事務所暫時收起來，這意味著幾年之後，我才會重出江湖。如果只是一位受雇律師要休息一陣子，這對事務所影響可能不大，但我是一家事務所的獨資老闆，要休息就茲事體大了。當時，我的事務所的經營是處在巔峰狀態，我聘有數位受雇律師及一些助理，算算也有十幾人。我的決定震驚了我周圍的親友，很多人都覺得我的決定很瘋狂，而我確實決定這樣做，然後去英國念書。內心真的想揮一揮衣袖，不必帶走任何一片雲彩。

我花了將近一、二年的籌劃才逐漸將事務所收起來，包括人與物的安置。我將事務所的卷宗資料，抽出重要文件，其餘用碎紙機處理後當廢棄物。我將一箱箱的廢棄文書，請了小貨車不知來回多少趟才運畢，也送走了多年的記憶。同事們要離別，最讓人傷感了，因為別後未必還有重逢的時刻。我另外安排了專責律師幫我處理留下的舊案件。

我的事務所若不歇業，繼續經營其實是可賺不少錢的。我試舉一例。記得我去英國的前一周，有一家知名的上市櫃公司老闆，請我辦一個案件。我跟他說明，我正要出發去英國念書，無法親力親為辦案了。但他仍希望在我出國前來看我，雙方就約在我去英國的前一天，他帶著二位助理及一大包的文件來諮詢。我們邊喝茶邊討論，他希望我人在英國時仍為他的案件操刀，全程擬狀全程參與，而他可指派他的公司法務去開庭，這樣就可克服我不能親自開庭的困難了。他都把話說到這裡，我實在很難拒絕了。

他問我需要付我多少律師費，我說隨他給，給多少我就收多少。你想，我都要歇業不能親自辦案了，怎能計較收多少律師費？而他是有備而來的，隨即遞給我一個牛皮紙袋，說律師費就在裡面了，若不夠再跟他說。因為我當天很忙，我就將該牛皮紙袋丟入行李箱，即忙著處理其它事務。我飛到英國後，才打開該牛皮紙袋，裡面裝著幾疊厚厚的英鎊紙鈔，幸好海關沒查我的行李，因為已超過海關申報極限金額了。

王安石在〈半山春晚即事〉曾寫道：「春風取花去，酬我以清陰。翳翳陂路靜，交交園屋深。」前兩句的意思是說，「晚春的風」雖然把「美麗的繁花」帶走了，取而代之的是「清涼的綠蔭」。該詩隱喻，屬於我們生命中的花季早已遠去，也無須傷悲，我們所失去的「繁花」，也許會在別的地方的有「綠蔭」補償過來。我當時對未來，多少是懷著這樣的憧憬與夢想。

## 二、出國前，去南陽街補習英文

有一首詩是這樣寫的：「明日復明日，明日何其多，我生待明日，萬事成蹉跎。世人若被明日累，春去秋來老將至。朝看水東流，暮看日西墜。百年明日能幾何，請君聽我明日歌。」可見，凡事莫待明日，活在當下才是要務。去英國留學是要考英文的，這關若沒過，留學的門票就泡湯了。「鳥欲高飛先振翅」，我想出國念書，就得先搞定英文。

我在事務所歇業約二年前，為了要準備IELTS（或TOFEL）考試，就來南陽街朝聖了。想出國留學的人，幾乎都來這裡了。我先後在兩家補習班上課。之後，我又到一家由英國人以英文全程上課的補習班學習。我開車上下班時，就聽ICRT、晚上就看BBC或CNN。剛開始聽看這些節目，很像小沙彌聽老和尚在唸經，久而久之，真的會滴水穿石。我還先後聘了兩位英國人家教，面對面的對話指導，那段時間整天就是「瘋英文」，好像渴望學到「飛花摘葉」、「一葦渡江」的少林絕學。補完課，我幾乎在十分鐘左右就可寫出一篇「起、承、轉、合」結構，說理連貫，為數約兩百多字的作文，這只是英文考試的基本功。

我為了去補習，在車上各放一條牛仔褲、汗衫、球鞋及書包。每當我下班或從法院回來時，就直接將車開到補習街附近，在車上拿掉領帶，脫掉整套西裝，換上那套休閒服趕去上課。那時出國留學的人還蠻多的，每次去上課幾乎都要排隊。以前自己是多家補習班的名師，現在改當學生，腦袋思維也改變了。來補習的每個人都是這裡的過客，沒有人知道我的身分，但彼此還是會認識交流的。例如，有一次，到了補習街遇到一位女同學，她嘴裡正吃著一串「黑輪」，隨手就將另一串「黑輪」遞給我，我顧不了形象，就跟她邊走邊聊邊吃了，感覺又回到大學生的年代了，樣子有點滑稽。

我有時從法院出來，再趕去上課時會遲到，就跟隔壁的同學借筆記。白天有時真的累壞了，上課只想偷睡幾分鐘就不小心睡著了，隔壁的女同學，可能認為我上課太混了，看不下去了，她就用腳使勁踢醒我，有時小腿還會被踢出黑黑的瘀青，她用力真的有夠猛。遙想蘇秦當年是「懸梁刺股」苦讀，我在南陽街是「被踢腿」苦學的。有時三五同學，下課時會邀我一起吃宵夜，我為答謝這些同學的「照顧」，每次未等他們吃完，我就先去買單。他們會起鬨再加點一些更好吃的餐點及猛誇我慷慨。直到我快要去英國了，再請他們去KTV聚餐歡唱，我才遞出名片向他們辭行。這些「小」同學看到名片後，一直尖叫不已，七嘴八舌說我很不夠意思，一直刻意隱藏身分。那位踢我小腿的女同學大叫說：「我早知道你是大律師，我就不敢經常踢你的小腿了。」逗得大家笑得人仰馬翻。在幾分酒意伴著離情下，大家說再見了。

每個人出國留學的理由可能不同，像唐玄奘西行取經，是為求法，一路的經歷異常險惡艱辛。玄奘的傑出表現，千百年來，在留學生當中，獨領風騷，無人能出其右。現代人出國留學，有的人是想體會西方的生活；有的人是想追求世界頂尖的教育；也有人是要不斷挑戰自我，不一而足。我可能是上面理由的綜合。國父孫文當年坐船留洋時，曾說，其始見「滄海之大，輪船之奇」，可見，連去喝洋墨水的路途，也可以讓你大開眼界的。

我去留學之前，當過背包客去過幾十個國家，就是還沒去過英國。雖然有朋友安排要去送機，但我還是覺得「千山我獨行」比較帥氣。我若沒記錯，記得當時是搭乘荷蘭航空，中途在阿姆斯特丹國際機場轉飛英國，那個機場真的不小，我是一路小跑步一路東張西望才找到轉機港。直到飛機奔向英吉利海峽的上空時，我才真正感覺到，「英國，我來了」。

## 三、飛到英國，開始留學生活

唐，李白〈送友人〉詩云：「青山橫北郭，白水繞東城。此地一為別，孤蓬萬里征。」寫出朋友相互道別，就像孤蓬那樣隨風飄蕩，到萬里之外遠行去了。當年，我的一位好友開車送我去桃園機場，車上我一路上想起這首詩，當下也是一樣在想，「此地一為別」何時還？

飛機飛了十幾個小時後，降落在倫敦的 Heathrow 機場，它是全世界最繁忙的機場之一。我要出海關時，海關居然說我在台北辦的出國簽證似乎蓋章有一點缺失，這令我很驚訝，並請我出示其他證明。我將事先準備的一份台北律師公會英文版的執業律師證明及英國入學許可函，一起出示給海關，海關有三個人湊在一起竊竊私語，然後問我一些問題，才通關。我心想，如果通關者是一位不懂應對的鄉下歐巴桑，會發生什麼結果，就很難說了。

我走出了機場，這是第一次跟倫敦近身握手了。剛下飛機身體有點疲累，但內心還是十分開心激動的。走在路上，隨處可見滿街的雙層巴士穿梭在市區，道路兩旁高聳著具有歷史記憶的傳統雄偉建築；街坊巷弄中，又充滿新潮時尚及藝術的元素。倫敦跟東京相比，它多了一些皇室的貴氣與奢華；與巴黎比較，它仍然保有它獨特的浪漫情調。倫敦融合了古老文明與現代化的氣息，果然是一個令人矚目極具魅力的大城市；我走在街道上不斷的想嗅出，何以昔日它能成為「日不落帝國」的厚實文化底蘊。

由於我想趁著夜黑前，趕到校園，所以沒有很多的時間去欣賞倫敦璀璨的光景，大部分是顧著手拿地圖對照著車水馬龍的街道，想要找到我要去學校的大巴士站，此時的我僅是與倫敦擦身而過，驚鴻一瞥，有點「不識廬山真面目，只緣身在此山中」的感覺；不過以後我要來倫敦閒逛，機會多的是，不急於一時。

我在市區繞行了幾個街口，終於找到了大巴士站，我要去的城鎮 Colchester 位在倫敦東北，距離倫敦約九十公里。它是古羅馬統治大不列顛島南部時期的首都，也是英國歷史記載最古老悠久的城鎮，至今仍保留擁有兩千多年歷史的 Colchester Castle，我在英國念的第一所 ESSEX 大學，即坐落在此。

我上車時隨即問了司機：「請問這班車有經過 Colchester？」他沒說「Yes or no」，居然回我：「I hope so」旁邊的乘客都笑出來了。我正要再次確認他的「I hope so」真正的意思時，車上的一位英國美女解圍了：「不用擔心，你下車的地方，跟我一樣。」我隨即向那位美女揮手致謝。司機抿著嘴笑了，只是這位老兄的「英式幽默」，我有點不敢恭維。接著車子一路就從繁華的市區往郊區奔馳，車上應該幾乎都是英國人，窗外的景物變化能感受到逐漸遠離都市塵囂。約二個小時左右後，那位美女示意我該下車了。有人說，英國人是比較外冷孤傲的，但你若跟他們深入交流，其實他們內心還是很友善火熱的。

我到了學校時已近晚上了，我現在都忘了我是如何辦好宿舍入住手續。宿舍是單人套房，男女混合形式的住宅。我只記得有一位日本及一位大陸女生一起來敲門，因為他們知道我剛搬進宿舍需要幫忙，就陪我去超市買被子枕頭及一些生活用品，我若沒去買，晚上就沒棉被蓋了。留學生互相照顧，這是相沿承襲的好文化。等我從超市回來，沖個澡，就累得呼呼大睡了。這是我留學生活的第一天。日月既往，過去的時光不可復追，回憶卻能喚醒生命的痕跡，豐富我的人生。

## 四、回到校園，重新踏入圖書館

唐，張志和《漁父詞》：「西塞山前白鷺飛，桃花流水鱖魚肥。青箬笠，綠蓑衣，斜風細雨不須歸。」寫的是，逍遙的漁夫一身綠蓑衣，不懼斜風細雨，自在蕩舟山水之間，將隱逸生活表現得非常淋漓自在。我來英國念書，似乎也可享受到這種與世無爭的逍遙生活，但這是需要相對付出的，就像你愛一個人、攀一座高山、想圓一次夢，你就得大膽追求，不須瞻前顧後，活得像自己。

來英國後，在正式的開學日子前，我就經常步行於校園參觀。校園不小，我先走馬看花。發現校園有個不小的湖泊，湖泊旁有老樹、有小草、也有野鴨群聚。這些野鴨會飛翔，雖然飛不高，但飛起來的樣子，還是很可愛迷人。尤其黃昏時，十多隻的野鴨，從湖面飛起來翱翔在天空與晚霞共舞的畫面，就頗有詩人王勃寫的「落霞與孤鶩齊飛，秋水共長天一色」的意境了。想不到我是來英國念書，才第一次體驗到詩中美麗的畫面。湖泊的周圍有草皮，草皮上有一些老樹，樹枝不時隨風飄盪搖曳，樹木的旁邊時而會有幾隻野兔，從草皮的小洞跑出來跟你打招呼，當彼此四眼交會時，倍增有趣。這時，若來一場「斜風細雨」，騎一匹瘦馬，真的可以構成一幅「枯藤老樹昏鴉，小橋流水人家，古道西風瘦馬。夕陽西下，『留學生』在天涯」的畫面了。

學校的圖書館就位在湖泊旁邊不遠處，我當然要去看看。我先辦了一張圖書證，然後就像劉姥姥進大觀園，每看到一處都是驚奇。我從一樓一直逛到七樓，逐層的看，每一層樓面積應該都有幾百坪，每層擺放滿滿的書架，存放著成千上萬本書。內部設有學習空間、免費無線網絡、公共電腦、書籍借閱服務等。我先是隨意閒逛，但眼睛不停的在掃描，隨時就拿起書本翻翻，有的是文學，有的是商業，有的是歷史，千奇百種等不同書本，但就是沒有一本是中文書籍，我終於相信，我真的在英國念書了。

圖書館，有一層全部都是放法律書籍，我停下來了，我走來走去，眼神左右上下看，有點像《哈利波特》電影所看到的，書架有滿滿氣勢驚人的精裝書。我對館內的每一本法律書籍都很好奇，有仲裁、海商、公司、智慧財產、親屬、繼承等各種書籍；我每看一本就隨手拿來翻閱，其中讓我印象最深刻的是英國的判例書籍，幾乎都是很厚很沉重的精裝本，而且隨便一個判例就有好多冊，我看了壓力油然而生，因為我以後寫論文一定會引用不少判例，這意味著我以後的日子肯定不輕鬆。沒辦法，這是自己的選擇。就像你既然選擇了登高山，你就得一路攀爬流汗；你若選擇了穿越海洋，你就得面對狂風巨浪；如果你選擇了前進，那就意味著你不能逃避挑戰。

逛了圖書館之後，你若問我有什麼感想，我可以簡單講，外國學生真的很用功，我每次去圖書館像遇到迎神賽會一般，每天都是人來人往，穿梭不停。我自己心裡有數，我以後做研究，肯定要常來圖書館借閱書籍找資料了，而事實證明以後的留學日子大多時間都泡在圖書館了。這段漫長研究生時間，我感覺好像是在跟「圖書館」在談戀愛了，只是「圖書館」這位情人真是太枯燥冷漠，而且一路走來不輕鬆。這真的應證了英國傑出的戲劇家莎士比亞所說的：「真愛之路，從來就不是平坦的。」印度詩人泰戈爾說得更傳神，當你在談戀愛時，你就得「眼睛為她下著雨，心卻為她打著傘，這就是愛情」。

## 五、英國博士生採師徒相授

中國禪宗要旨為：「教外別傳，不立文字；直指人心，見性成佛」，是由菩提達摩始祖傳至中國，大成於六祖慧能，該宗派採師徒「衣缽相承」，行之有年，教義因而不斷推廣。禪宗在中國佛教各教派中流傳時間很長，影響甚廣深遠，延綿不絕，對中國哲學及藝術思想皆具有重要的影響。然而，不少人可能不知道，這套師徒相授的法門，其實早在英國博士生的上課方式上，已經相沿傳之很久了，至今仍是如此。

開學了，我第一次跟指導教授見面。上課是在他的辦公室，以後每次也是在他的辦公室上課，因為英國的博士生上課，它的方式就是「一對一教學，師徒相授」，這裡沒有什麼「博士班」這個名稱；這意味著，我並沒有「同班同學」可以討論或借筆記，更別提你敢上課遲到或翹課摸魚了。這種上課方式其實壓力特別大，因為一對一上課，你每分鐘都要很專注，幾乎跟教授是不停在互動，這次上課內容跟下次上課內容幾乎都有連貫性，所以每次上課前我都做充分準備，不敢馬虎。我若聽不懂，我一定旁敲側擊了解教授真正的意思或硬著頭皮不停追問，直到我真的完全弄懂了我才離開。

下課後，大多就去研究室看其他的博士生。這些博士生來自各國，幾乎都是由不同的教授指導，只有極少數會由同一位教授指導，即使同一教授指導，彼此也是有自己不同的研究主題，不會也不可能同班上課。我記得我先後認識的有來自法、德、丹麥、日本、泰國、科威特、哥倫比亞、伊朗、巴勒斯坦、剛果、肯亞及索馬利亞等國的博士生。我現在還記得有幾個人大略這樣自我介紹的：「我來自……，我家是賣汽油的，是整片油田的那種。」「我來自……，我爸爸是外交官，他曾經在北韓服務，我念幼稚園時，曾經跟金日成握過手。」「我來自……，我爸爸是阿拉法特的助理，我希望以後能當他的接班人。」……等等。外國人的表達方式，真的是很坦率有自信的。以後我跟這些同學，經常一起做研究、聚餐互動，談的話題也很直白深入，感情十分融洽。

在英國念博士，從入學第一天起，每天就在研究論文的主題，每次去見教授前，原則上，我就必須先交短篇論文，等他讀完了，會約我去上課，上課主要根據他的指導更改修正論文及提出下一次研究寫作方向。我每次寫論文前，必須讀閱很多書籍、期刊才能寫出有品質的內容，所以這種上課方式其實比以聽課方式上課還辛苦。學校第一年並不會給你正式的PhD學生身分，而是MPhil（Master of Philosophy）。法律博士生不須修什麼學分，每學年也沒有筆試之類的東西，但是要固定繳交報告（小篇論文），學校有一個評審委員會，每年會考核你每學期各種表現及研究能力，並評審決定是否過關升級，第一年通過後，第二年起才能正式成為PhD學生，如果考核沒通過，博士生是沒補考的制度，就直接退學了。我在研究室認識一位來自烏茲別克的博士生，他平時很努力做功課，孰料升博二時就是沒通過考核，被退學了，這是他私下跟我說的，我聽了也為他難過。學校給我的研究最高年限是九年，在這期限內若無法完成論文及通過博士口試（PhD Viva），那就失敗了。

我第一年是住在學校宿舍，我斜對面有一位來自台灣的碩士生，他會做餅乾請我吃，手藝很好。下學期，我覺得怪怪的，因為他很久沒請我吃餅乾了，我就去敲他的房門，結果人不見了，後來才知道他被退學了。我第二年搬出宿舍去校外租屋，二層樓共住六個人，其中有四個人是歐洲人。有一天，大陸來的那位碩士生來敲我房門，他神情很沮喪地跟我道別，因為他也被退學了，實在令人不捨。我對面住一位來自威爾斯的英國碩士生，中午之前絕對看不到人，因為他都整晚讀通霄，早上就睡覺，非常用功，後來有畢業。

當然，學校也有輕鬆的一面，這裡有各式餐廳、超商、銀行、郵局、旅行社、運動中心、電影院、撞球檯、咖啡廳及酒吧等，任你挑選，任你玩，讓你忘記課業的緊張。我最喜歡去的兩個地方，一個就是旅行社，我常去訂票，假日到處參觀旅遊，我曾經獨自一人跑去莎士比亞的故居拍幾張相片，像似跟這位曠世大文豪握手致意；另一個地方就是酒吧。我晚上常去酒吧喝小酒，這裡氣氛很好，跟你在好萊塢電影上看到的那種酒吧很像。我習慣坐在吧檯上，一邊聽音樂，一邊閱讀，一邊構思筆記，有幾分專注兼含幾分怡然自得，此時常會有坐在旁邊的各國帥哥美女跟你揮手致意或搭訕，這時就可順便練習會話及認識朋友了，這種偷得半日閒的時光，日子相對會過得比較淡定愜意一些。這時的我忘掉所有牽掛與煩惱，天是否會塌下來，全都不放在心上了。

# 六、在校園體驗不同的文化交流

古人說：「書卷多情似故人，晨昏憂樂每相親。眼前直下三千字，胸次全無一點塵。活水源流隨處滿，東風花柳逐時新。」此首詩，把讀書的各種情境，描寫得非常優美。我猜這位古人寫這首詩時，已完全沒有赴京趕考的壓力，才會表達得那麼輕鬆。對我而言，在英國念書有很單調枯燥壓力的一面，也有甜美豐富的記憶。我一般白天就去圖書館找資料閱讀，或回研究室寫論文，這裡有不少各國研究生，可以互相交換學習經驗，我們平時有組成一個研究小組，固定的一段時間，每個人就輪流上台做報告，由其他人提問。也許平時不斷的磨煉，關鍵時刻才能綻放出力量。

我們研究生私下當然也會聊各自國家的民情風俗、社會政治等議題。例如，我在與來自中東國家的同學聊天時，就發現他們普遍反美，他們認為美國是霸權主義，是偽君子；另外，有一次，一位伊朗同學的太太來找他，他太太離開後，我們幾個研究生就誇他的太太很漂亮，他聽了就說：「在我們伊朗，你讚美別人老婆很漂亮，被認為對丈夫是一種冒犯。」他說的應該是事實。我緊接著對他開玩笑補了一句：「在我們台灣，你說別人的太太很醜，被認為對丈夫是一種冒犯。」大家一聽都哄然大笑，這位伊朗同學聽後也尷尬的笑出來。你看，各國文化確實有差異，不說出來彼此都不知道。

我第一年住學校宿舍，我對面住一位英國女研究生，有一晚她突然敲我的門，問我要不要跟她們幾位同學一起去看電影，我說：「我正覺得無聊，你問的正是時候。」這麼晚了，如果是臭男生問我，我可能就不是這樣回答了。她緊接著笑說：「你趕緊穿皮鞋，不可以穿球鞋或拖鞋，否則進不了電影院。」幾分鐘後，我就與四、五位英國美女擠在一輛出租車直接開到戲院，那時已經快要晚上十一點了，我若是當下在台北是不可能那麼瘋狂的。你看，在英國當學生，日子過的就是不一樣，有時夜色愈晚愈美麗，活力無限。如果這位室友沒來邀我，我在英國的幾年之中可能都不會去看電影，也不知道英國電影院，有「不可以穿球鞋或拖鞋」這個規矩。

留學第一年的中秋節就在英國度過。中秋節時大夥就在校園草皮野餐並共同欣賞月亮。英國是高緯度國家，在中秋節仰望天空，覺得人和月亮的距離，並非遙不可及，似乎就在眼前。而且你會發現「萬里此情同皎潔，一年今日最分明」。這時忽然有人叫喊：「大家注意看，外國的月亮好接近我們喔，又大又圓又亮。」然後人群中就有人驚叫：「哇！外國的月亮真的比較圓耶！」這種有趣的對白，會逗得滿場大笑。

台灣留學生在這裡約有一百多人，傳統已成立一個台灣同學會，我到此不久，剛好換屆選舉，我被推選為會長。我在能力所及就盡量提供服務。我在春節時，召集台灣留學生共同做了約一百道菜，並準備一些演唱助興節目。我邀集大陸及各國學生一起參加，大陸留學生來了一、二十個人，大多是來這裡念碩士的法官或律師，少數念博士；其中一位男律師一見面就問我：「會長，我們今天是不是只有聚餐而已？」我拉開嗓門對著大家說，我可以借用印度詩人泰戈爾說過的一句話：「不要著急，最好的總會在最不經意的時候出現。」大家聽後哄然大笑，有人起鬨對著那位律師說，你少挑戰這位台灣大律師了，他若沒三兩三，肯定是不上梁山的。果然，那晚大家有吃、有玩、有彈吉他、有歡唱、有跳舞，大夥兒真的把春節的氣氛搞得很熱絡。很多留學生跑來跟我說：「會長，今晚我覺得好感動喔，在英國居然還可以過一個濃濃的春節，很有家鄉的感覺。」

多年後，我們各自回台灣與大陸。我們經辦的案件若有涉及兩岸法律事務的，就會彼此諮詢。有一次我提供了一、二頁的台灣法律意見給一位大陸的法官參考，他事後將判決書傳給我看，我寫的那些意見已經作為他的判決書的一部分。我若去大陸出差旅遊，會去看看他們，彼此見面時，頗有「浮雲一別後，流水十年間，歡笑情如舊」的感覺。他們最多的一次有十多位律師及法官出來，並挑了最有特色的餐廳請我吃飯喝酒及看表演，一晚就喝掉二瓶茅台，招待無微不至，並準備很多土產讓我帶回。這讓我想起一位非洲同學曾經對我說，我若去非洲找他，他要送給我的土產，就是一頭大象。

## 七、去英國法院，遇到老婦人帶路

我在英國留學時，台灣有律師同業委託我去英國法院辦理一件當事人與英國公司的債務糾紛。我從學校坐了十幾個小時的火車去該法院，沿路欣賞美麗的風景，抵達時只見繁星已掛在天邊，就投宿一晚，隔天才去法院。一早到了法院附近，我在街道來回不停找，就是找不到法院，有點悶，剛好遇到一位英國老太太拉著買菜拖車走來，我快步前去詢問，她回說，法院要從這道路越過斜對街的小巷子，出了巷子再右轉大馬路，就看到法院了。我正要道謝離去，她叫住我說：「我可以帶你走段路，否則你找不到的。」

哇！她看起來約八十多歲的阿嬤，我真不好意思麻煩她走一段路啊，當我還來不及反應時，她已走在我前頭帶路，我就亦步亦趨跟著阿嬤走，並跟她聊了幾句，她知道我是台灣來的律師兼留學生，我知道她每三天就出來買一次菜。約走了五、六分鐘，她指著遠方大樓說，那就是法院了，我趕緊對阿嬤彎腰作揖道謝，她笑笑，連說不客氣，祝我好運，才回頭去買菜。你一定很驚訝吧，我在國外遇到了一位這麼仁慈的英國阿嬤。

到了法院，雙方就在法官居中協調，中間不斷折衝互相讓步下，費時約兩個鐘頭，終於達到和解協議。雙方向法官及祕書致謝後，即一起走出法院，對造的英國人，問我怎麼來的？我要回去哪裡？我跟他說明之後，並說我想到市區的大巴士站坐車，想在這城市玩兩天再回學校，他回我說，這是個好主意，並說這裡計程車不好叫，他有開車願意載我到巴士車站。

我半開玩笑回說，剛剛我們在法院的立場相反，我坐你的車，安全嗎？他聽後，用有點生澀的中文微笑回我說：「我去過台灣好幾次，我很喜歡台灣，我也喜歡台灣人，你趕緊上車吧！」我坐上他的車子後，一路上彼此聊得很開心，約莫半個小時，就到了車站，我向他道謝離去，這時已中午兩點多，忘了肚子餓了，因為這天是我第一次上英國法院的初體驗，很有意思，值得在此寫下我的記憶。

## 八、在英國看牙醫，才知台灣健保有多棒

唐．柳宗元詩云：「海畔尖山似劍芒，秋來處處割愁腸。若為化作身千億，散向峰頭望故鄉。」白話文的意思為，在這秋天的季節，處處都可感受到海邊的山峰，刺痛了我的思鄉愁腸。如果把自己的思念散布在峰頭上，就一定能看到故鄉了。

這首詩，給人的印象是，通過想像與藝術構思，把埋藏在心底的思鄉之情，盡量傾吐了出來。真的是，「美不美，故鄉水，親不親，故鄉人」。如果你身處國外，遇到病痛需要看醫生，你會發現在國外看醫生，實在不方便，花費又昂貴，真的會有「月是故鄉明」的真實感受。

話說，我在英國留學時，有一次牙疼，我就自己開車到市區去找牙科診所。第一次去看診時，醫師跟我說是蛀牙要補牙，看完後，他要我一個星期後再去看，連續要看三次才補牙。我跟診所出示學生證，跟他說：「我是學生，應該是免費吧？」他回答我說：「也許吧。」我總共去了三次才補好牙齒，真

的沒收我任何補牙費用，但一個星期之後，我收到該診所寄來帳單，要給付的費用折合新台幣約八千元，我就打電話去診所說明當初不是說好不用費用嗎？診所回答我說，是不用費用，但我必須去申請健保給付，然後再把費用寄給他們。

於是我去學校拿保險申請書，天啊，申請書大約二十頁，看了真的快牙疼。從沒寫過這些資料，覺得好麻煩，就請我的室友（英國人）代寫才寄出。約二個月後，我收到保險單位寄給我一張折合新台幣約八千元的英鎊支票，我就將這張支票寄給牙醫診所銷帳。

從這個案例可知，台灣的健保制度跟英國比較起來，你就知道台灣的醫療品質好，效率快，而且醫藥費相對便宜很多。外國月亮不一定比較圓。

# 九、參加博士口試，壓力奇大無比

唐代，王翰寫了一首征戰千古名詩：「葡萄美酒夜光杯，欲飲琵琶馬上催。醉臥沙場君莫笑，古來征戰幾人回？」該詩描述，士兵們正在開懷暢飲，突然接到命令要上戰場，而在外搏命征戰的，又有幾人能夠回來呢？這首詩跟我們去參加博士口試一樣，有的成功，有的失敗，與詩句「古來征戰幾人回」有點雷同。且看看我是如何參加口試的？不知與你在台灣參加的博士口試差別在哪裡？

話說，我接到博士口試通知時，我人已在台灣了。很不巧，早不來晚不來，那時我正生病躺在醫院，而且連續五、六天一直發高燒不退，都嚇到我自己，住院約兩周，大病才初癒。我不敢在身體及氣勢最虛弱時去口試，這時去口試應變能力不可能會有多好，我即向學校聲請延後口試，學校准了，讓我延後一個月。還好，我還有一些時間可以調養一下身體。

博士口試範圍一般海闊天空，不可能有考古題，也不知如何準備起，我能做的就是盡量把自己的論文不斷的熟讀與反覆推敲可能的問題而已，其它的就看個人造化與聽天由命了。口試規定只有一次，通過了就拿到博士；若沒通過，沒有補考制度，不管你讀了多少年，就是前功盡棄。所以法律博士生，遇到要口試時特別緊張，我曾看過通過口試的人，那天是穿西裝打領帶來研究室報喜，接受大家的歡呼祝賀，真的是「春風得意馬蹄疾，一日看盡長安花」。但是，如果你發現哪位博士生，很久沒出現了，那個場景大概就是「風蕭蕭兮易水寒，壯士一去兮不復還」了。

我於出院休息二周後，體力似乎恢復了，我當下即打包行李就直飛英國了。我投宿在學校附近的一間幽靜的旅館，餐飲乾淨可口，我就在此遠離塵囂，一個人靜下來準備口試。我每天早上吃完早餐就去學校圖書館了，我比管理員還早到，管理員還沒來，我就在外面的湖泊旁欣賞湖邊景色，頗有「幾處早鶯爭暖樹，誰家新燕啄春泥」的閒情雅致。等管理員開門，我是第一個進圖書館的，每天都是如此，管理員都認識我了。那時英國的三月，早晨天氣其實還是很冷的，他還會走來跟我講，門打開了，並告訴我哪裡有熱水可用。

口試那天真的到了，就訂在下午一點三十分。那天早晨六點不到，我就起床了，我穿了一條卡其褲，一件長袖白襯衫去赴考。我不願意像一般博士生，幾乎都穿西裝打領帶去口試，因為我擔心萬一口試沒通過，穿一身筆挺西裝的樣子會顯得很滑稽。英國春天的清晨其實還是很寒冷，有點「天寒色青蒼，北風叫枯桑」的味道。早餐我吃了一顆雞蛋、幾片土司、一碟英國黃豆、幾片烤肉、水果及豆漿，算是豐盛營養，吃這麼多完全是為了有體力去應考。然後我就步行去學校，先在學校的湖泊周圍旁散步，這時候我其實沒心情再進圖書館閱讀，更無心欣賞「春來南國花如綉，雨過西湖水似油」的湖泊風采。

那個時刻，其實我是盡量壓住快要溢滿的壓力。我從來不想讓人知道我來英國念書，偏偏知道的人還不少，有的人是滿懷祝福，但一定也有人等著看我出糗，這都是正常的人生百態。若都沒人知道我來英國念書，我可能就沒什麼壓力了；就像我年輕時準備律師考試，即使是我父母，我都不想讓他們知道，直到我考上了，我才告訴他們，他們還覺得很突然，認為我是在開玩笑、逗著他們玩的，我比較喜歡這種感覺。

離口試的前幾個小時，我要做的大概就是把情緒控制好，身體心情維持在最佳狀態。早上約十點左右，我就在圖書館趴在桌上睡一個多小時補充體能，醒來我就去學校超商買了一個三明治、一條香蕉、一小瓶果汁及幾瓶礦泉水備用，這就是我全部的午餐了。我不敢吃太飽，保持半飢餓狀態，因為吃太飽我就容易昏睡，但不吃東西沒體力也不行。因為我事前被學校告知，口試最少就是幾個小時，也有可能是一整天，也發生過有連續口試兩天的。

## 十、參加博士口試，全力以赴

在進入口試考場前，指導教授約我先去她的辦公室見她，那僅是簡單對話，但在我們的對話中，我隱約可以感覺她的情緒比我還緊張。這在我預期之中，因為我若口試沒通過，對指導教授、系所及學校的學術成績一定會有很大損傷，你就知道指導教授所承受的壓力有多大？

指導教授一見面就直接問我：「你要不要讓我陪你去口試？」我禮貌性的反問：「你到考場能為我做什麼？」她回說：「我什麼都不能做，只能遠距離觀看而已。」我笑笑回說：「萬一我答不出來，你在現場，我們彼此豈不是很尷尬？」因此我婉拒了她的好意。我從國中畢業後，隻身離開鄉下到城市讀書，參加任何大小考試都是獨自一人前往，真的是：「一人一馬一鞘刀，獨來獨往獨過橋。此身已向天涯去，青山不改水迢迢。」因此我就向她欠身辭別，提前到考場了。

見過了指導教授之後，我肩上的壓力與責任又增加了。想想我自己長年執業律師，百戰沙場，經歷不少狂風巨浪，面對驚險的場面，無論我內心有多大壓力，我都盡量冷靜從容以對，只是這次的風浪真的不小，但此時此刻的我，還是盡量冷卻緊張的情緒。若講文雅一點，無論如何我就是要展現「不畏浮雲遮望眼」的態勢；講任性一點就是「即使天真的塌下來，那又怎樣」？

我提前約三十分鐘到了口試現場，那是在校內一座蘇格蘭舊時皇家城堡的一樓，城堡內挑高的視野、寬敞的現場及四周華麗的外表，仍可以強烈感覺出城堡的古樸、優雅和極為莊嚴的雄偉氣勢。這裡就是我今天的戰場，能夠在這座雄偉城堡內接受三位頂尖國際仲裁學教授的聯手口試挑戰，對我而言，無論勝敗與否，我都覺得很值了。

我到考場時，三位口試委員已在現場，我先向他們三位欠身致意。現場準備了一個古色古香的木質長桌，餐桌備有非常豐盛水果、咖啡、飲料及各式點心，他們三位委員已經坐下來在喝咖啡閒聊，示意我坐在長桌的一側，並請我自行取用咖啡點心。如果當天我不是參加口試，我想我就可以好好享受一下「英式」的下午茶，但此時的我一點也沒胃口，但三位委員就是很好意催促我先喝杯咖啡及享用一些點心，我真的不想吃，就索性回他們說：「非常謝謝你們，但是大敵當前，我在戰場上，一向不吃敵人提供的食物。」他們三人一聽，不約而同的哄然大笑，每人手上的咖啡杯幾乎同時都快要掉落地上了。我面對這三位武林高手，我隱然已出手了，這一招有一點敲山震虎，先聲奪人。

一點三十分終於到了，其中一位口試委員先介紹他自己、每位委員及口試規則。他說：「我是本校某某教授也是今天口試評審委員會的主席，坐在你對面的是某某教授（外校的），坐在你左邊的是本校的某某教授（女）。」這三位委員我都是第一次見到，當然都不認識。主席接著說：「今天的口試時間不限制，時間若不夠用，明天會繼續進行，若口試順利完畢，三位委員立即閉門共同評審，三位委員若全部同意，即當場宣布你取得博士學位；但只要有一位委員異議，你就失敗了。」我示意了解其義，口試就開始了。

首先由我左邊的女教授先行亮劍了，她講話雖然比較小聲，但我可以完全聽懂她的意思。我的論文各個篇章加總約略引用五十個左右國際著名仲裁機構的仲裁判斷及法院的判例，她一開始挑了我論文中的幾個判例，問我這些判例與我論文的關聯性及我自己對這些判例的看法，她這道題目可以測試我對判例嫻熟度，也可解讀她是在測試我是如何引用判例來構思組建自己論文的一部分。這道題是基本功，我算輕騎過關。

但接下來，他們三位問的問題逐漸複雜，招招攻勢凌厲。第一題我剛答完，坐在我對面的教授緊接著提出他的問題。他講的英文帶有一口濃濃的蘇格蘭腔，語句短促速度又快，有點像我們一些早期大樓所聘的老伯伯管理員，人很親切但講的國語常帶有濃濃鄉音，你稍不留神就會誤會他的意思，甚至聽不懂。而且這位教授問的問題已見犀利，開始有點「十步殺一人，千里不留行」的招式了。因此我眼睛不停盯著他，雙耳幾乎都豎起來，全神貫注的聽，一邊聽一邊消化他的意思，一邊迅速組構我要回應他的答案。

那時身處考場的我，整個人的心志就是「黃沙百戰穿金甲，不破樓蘭終不還」。

## 十一、考場奮戰，終於通過博士口試

話說，坐我對面的委員剛剛問的問題，是我的論文的原創性及可行性的核心，我沒想到他會那麼早就直搗問題的重點了，就這個問題，我花了不少時間從學理實務等不同角度去做鋪陳，並婉轉技巧性反駁他的質疑，他是否能接受我的觀點，我就不知道了。我一講完主席緊接著就我的回答提出幾點質疑。他講的英文是傳統的英國腔，速度也是很快但咬音還算清晰，聽起來比較沒有壓力。他針對其他二位委員所提的問題，從不同角度做更深入的提問，也提出自己的其他問題。我冷靜地針對他的提問立即由不同角度回應，此時的我有如一位江湖劍客面對三位武林高手的包圍，現場有時一對一決鬥，有時兩人輪流對你出招，有時三人合力圍攻，我能做的就是防禦，而不是反擊；是突圍，而不是要壓制對手，若能突圍我就可安然抽身離去，若不幸戰敗了，就會跌入萬丈深淵了。

時間一分一秒的過去，窗外的陽光已轉為陰暗，但中間沒有片刻的休息，在口試中有一次那位外校教授問的問題特別的冗長，好像變成他在自述一般，忽而提出一問題，然後他又自述一段，再提出一問題；接著，他又自述一段，再問一個問題，我有點困惑，他出這一招有點像組合拳，變化莫測，我真的不知他真正要問的問題是什麼了？我也不想貿然出手。這時我就跟他說，你剛剛要問的問題有點冗長，很遺憾我真的跟不上，可否請你仁慈一點，用最簡短的詞句表達你要問我的問題？我講完三位委員都爆笑出來了。這位教授，發現我說的也不無道理，如我所願，他重新整理要問的內容，又重組合詞句問了一道問題，這次他問的問題真的很清晰了，我也立即回答了，這次問答過程有點驚險，我像是與武林高手過招，差一點跌入懸崖，忽然間我又奮力跳回崖邊禦敵一般，這時我一邊喝口水一邊專注回答，我發現我自己帶的三瓶礦泉水也幾乎快喝光了，此時城堡的窗戶已不見陽光，我知道外面已昏暗了，這時我感覺雙方都已兵疲馬困了，三位委員大概覺得要問我的問題，已經有如翻箱倒櫃一般，該問的都問過了，該回答的我也都盡全力回答了，主席就徵詢所有委員的意思，大家一致同意口試完畢。他們三位要閉門開會評議口試結果，主席並請我離開會場等候。

我走出會場在外面的長廊坐著等候，那時心情的感覺很複雜，從腦海飄過一絲的想法是：「我在台北律師幹得好好的，幹嘛來此活受罪呢？萬一等一下公布口試沒通過，我幾年的努力就歸零了也就算了，但我等一下就走出這座城堡，我所要面對的可能就不只這些了。反正那時我也調整好心態了，若沒過就沒過，日子還是要過啊，頂多就像失戀的情景「從此無心愛良夜，任他明月下西樓」了。如果過了又是什麼心情？那得等過了才知道，我看看手錶已經是下午六點三十分了，指導教授還待在辦公室等我消息，肯定心情不會比我輕鬆。我在外面枯坐了約半小時之後，主席出來了，他站在門口跟我揮手，示意我進場，這意味著口試結論已出來了。我等這一刻，好像等了三百年似的，每一分鐘都是無比煎熬，一進入考場，三位委員幾乎都站著等我到，主席說他以主席身分宣布，我口試通過了，三位委員先後跟我握手說，恭喜你張博士。我對著三位委員欠身致謝。主席接著告訴我，我的論文需要修改的有那些，限我一個月內修改後寄給她，我粗略估算要改的大約一千多字左右，要改的篇幅算是很少很幸運了，我聽說有人一改就要幾十頁或四分之一本論文不等，也有人曾經被要求更改的內容幾乎是一半的論文的，這等同要延長畢業年限了。隔天起，我在圖書館花了兩天修改論文，就寄給主席了。

當我走出城堡時，已是七點左右，月色已籠罩整個夜空，天邊掛著幾顆星星，似乎對我微笑揮手。我整個人還來不及享受通過口試的喜悅時，腦袋已幾乎空白，你若在那一刻跟我擦身而過，你看到的我，應該是臉龐露出幾分廝殺戰場的滄桑，眼睛閃爍勇者歸來的光芒。那一刻，你若問我是什麼感覺，我可以告訴你，就像從地獄走出來似的。

# 十二、回國再穿律師袍，重回法庭戰場

「滾滾長江東逝水，浪花淘盡英雄。是非成敗轉頭空。青山依舊在，幾度夕陽紅。白髮漁樵江渚上，慣看秋月春風。一壺濁酒喜相逢。古今多少事，都付笑談中」。這是明代三大才子之首楊慎寫的〈臨江仙〉詠史詞，敘述多少「策馬飛沙，風雲叱吒」的英雄，一樣會像翻飛的浪花般消逝。不管是與非，成或敗，你一生所擁有的，最終都將歸於平淡或都成為過眼雲煙。品味這首詞，彷佛感到那奔騰而去的不僅是長江之水，而是飄逝而過的英雄、青山、夕陽、秋月、春風與滾滾的歷史長河。這時自己就會明白，我僅是天地間的過客，只因「濁酒留風塵」而已。

真的，人生如逆旅，在認清生活的本質之後我依然要回歸生活了。我在英國通過博士口試前，已經悄然回台重新開張事務所。我剛回來台北時，很快地跟一些舊客戶、企業界老朋友取得聯繫，他們不嫌棄，又如同舊往提供案件給我承辦，我的事務所很快又恢復至英國留學前的榮景。回國後，一晃眼我又重新執業近一、二十年了，時間過得真快。律師界像我這樣，在執業中途把一家事務所收起來，跑到英國念書，念完書又回來開業的，應該不多。

我不是天生的勇者，只是勇於追求夢想，一路走來，有迷茫，有徘徊，有倒退，但也有堅持。年輕的時候，我在跌跌撞撞中摸索前行，但在前行之時也是經過深思熟慮之後，就果斷做決定，決定之後就勇敢付諸實行。說的很容易，其實要做到還不容易。做任何事一定有利弊得失的，如果顧此失彼，前怕狼後怕虎，根本走不出森林的。當然，你還要學會孤獨，路才有辦法走得快走得遠。

我的不少同道律師或好友，遇到我，經常會問我一個現實問題，當年我把事務所收起來後，那幾年少賺了多少錢？念書期間又花了多少錢？這趟英國留學值得嗎？我回答說，我去留學時確實花費不少時間與金錢，有失去的，當然有新獲得的。我回國後，又立馬披上律師袍，闖蕩江湖又忽焉近二十載，我得到一切補償的比失去的還多。如果容許我再過一次人生，我願意重複我的留學生活，只是想換個國家體驗不同國度的留學生活而已。我從來不後悔過去，也不懼怕將來。

我，執業律師不僅是要證明自己是位勇者，更要協助周圍的人確認自己與自己的工作崗位的人生價值，這也是我寫本書的意義所在。就如同我若有一壺酒，雖然足以醉今宵；但我願意傾盡江海中，同飲天下人。

## 十三、很榮幸，有機會去總統府開會

古代去皇宮開會的情景是什麼樣子呢？這可以透過歐陽修的詩〈早朝感事〉來感受一下：「疏星牢落曉光微，殘月蒼龍闕角西。玉勒爭門隨仗入，牙牌當殿報班齊。羽儀雖接鴛兼鷺，野性終存鹿與麛。笑殺汝陰常處士，十年騎馬聽朝雞。」可見古代大臣並不好當，宦海人生，凡早朝，自宰相以下，官員都得在四更鼓起身入皇城門，真的每天起得比雞還早，有沒有「跑得比馬快、睡得比賊晚」就不知道了。清晨，官員每人用白紙糊燈籠一個，燈籠上寫明官位，燈籠繫上長柄舉在馬前，齊集於宮門前，等候宮門開啟，何時開啟還得視皇帝何時上朝。時代不同了，現在官員或一般人去總統或總理府開會，就不須那麼辛苦了。

總統府是總統的幕僚機關，亦為最高級的中央行政機關，為總統辦公之處。所以每次陪同當事人去總統府開會，總是覺得很光彩，雖然之前我來過幾次了，但每次來都覺得很有意義。

來總統府，進府前要看證件，我用律師證換了一張洽公證。很像在機場出關前，要將公事包放入X光機　送帶檢查，我跟安檢人員說，疫情期間好久沒出國了，總算有出國的感覺，他們一聽都笑出來了。

進去開會時，會有專門人員陪同你到指定的會議室，為了內部安全考量，你不可以到處亂逛。裡面的建築都很老舊，但很乾淨簡樸，算是古蹟了。

會議結束後，府方的人員仍舊會陪你到一樓出口，換回證件，再離開，這是很特別的經驗。

## 十四、大陸律師來訪，嫌台北房子太老舊

唐．韋應物〈淮上喜會梁川故人〉詩云：「江漢曾為客，相逢每醉還。浮雲一別後，流水十年間。歡笑情如舊，蕭疏鬢已斑。何因不歸去？淮上有秋山。」這首詩說的是，昔日在江漢作客期間與故人經常歡聚痛飲，扶醉而歸。彼此一別後，已過了十年，韋應物寫這段往事，彷彿是試圖從甜蜜的回憶中得到慰藉。

人世間，總有相聚與離別。話說我之前在英國留學期間，認識不少大陸的律師與法官，在英國期間，與這些朋友也是「相逢每醉還」，畢業後彼此仍有往來，有時我去大陸去看他們，有時他們來台灣旅遊，也來找我相聚。讀了這首詩的其中詩句「浮雲一別後，流水十年間」，感受就特別深。

有一次，深圳的律師朋友來台北找我，久別重逢，非常開心，彼此無話不說。當我們酒過三巡，他們私下就跟我說：「曼隆啊！你們台北的房子怎麼那麼老舊又矮小？我們大陸的二線城市都比這裡的房子高又漂亮，台北跟我們原

先預期的形象差距實在很大，為何不全面改建啊？」雖然我與這些朋友私交很好，但是他們這樣講，講的又是客觀的事實，我聽了還是很尷尬的。我回他們說：「台灣的房子要改建，必須依照法律的規定拆除及重建，很多大樓、社區建築要滿足這些法律規定還不容易，多數住戶就被少數釘子戶綁住，所以要更新重建就相對困難。」其中有一人聽我解釋後，就回說：「在大陸要拆房子效率還是比你們台灣效率高多了。」我笑說：「制度不同，效率有別，確實這樣。」大夥兒聽後，相視哄堂大笑。

我接著說：「看事情有時要從不同角度來評斷，你們看，台北的房子雖然不高，但是一抬頭就可以經常看到蔚藍的天空；台北的房子雖然老舊，但具有懷舊感、文化美。」他們聽後，頻頻點頭回我說：「那是辯護律師的說詞，把缺點說成優點了。」然後大家哈哈大笑。

老友來訪，嫌台北房子太老舊的事小，但都市的硬體景觀沒有進步，不可謂事不大。說實在，我們台北的房子確實老舊又矮小，這個問題確實需要我們快速改進。

## 十五、外國大使勝訴後，招待我的方式很特別

唐．李白〈早發白帝城〉詩云：「朝辭白帝彩雲間，千里江陵一日還。兩岸猿聲啼不住，輕舟已過萬重山。」這首詩很有名，很多人都可朗朗上口，詩是描述李白朝發白帝，暮到江陵，其間一千二百里，快船乘奔禦風，穿過千山萬水一日遊，十分興奮的心情。古人遊山玩水，心情是如此輕快愉悅，我們現代人應該也是一樣，因為「臨清風，對朗月，登山泛水，意酣歌」，確實是快意人生啊！

話說，多年前有一位國外的大使，因為該國在台灣有一些涉及法律事務及訴訟，所以就經常諮詢我相關法律問題。久了，彼此熟了也變成好朋友。訴訟前後耗費了約二、三年時間，最終獲得勝訴確定。他非常開心，希望招待我出國旅遊。那時我工作很忙，能撥出出國度假的時間不多，因此就婉拒他的盛情不少次；但他並沒有放棄，非常熱情多次邀約，最後我終於答應他的邀約，就找個空檔出國散散心。

那時，這位大使人剛好在菲律賓，他就安排我去菲律賓及泰國玩玩。我先從台北搭飛機到菲律賓，飛了約二個半小時就到了馬尼拉。我一下飛機，就看到有一位美女舉牌上面寫我的英文名字及歡迎到馬尼拉的文字，另外有一團六人樂隊對著我吹奏歡迎的樂曲，前後幾分鐘；而這位大使就站在旁邊，對我揮手表示歡迎，並說：「這個歡迎儀式的安排，你覺得怎樣，滿意嗎？」我回說：「非常謝謝，很開心，這個安排讓我覺得很突然，又新鮮又驚喜。」我跟他邊說邊聊，出海關時，他早已安排一位觀光局的美女，拿著美麗的花環套在我頸部以示歡迎入境。這是我第一次不同的體驗，覺得很新鮮又有趣。

精彩的故事還在後頭。當我們出海關時，來了兩輛警車，前面一輛是嚮導車，我們兩人就坐後面那一輛。一路上我看到我們的車暢通無阻，感覺備受禮遇，但又有點受寵若驚。我們到了一間號稱六星級的飯店投宿，這位大使跟我說，外國元首來馬尼拉訪問，幾乎都住這間飯店，飯店確實漂亮豪華及安靜。

在馬尼拉期間，每天就坐著專車，到處玩；晚上，在飯店吃飯時，餐桌上會點蠟燭，旁邊會有幾個人組成的樂隊，來到你的餐桌前演奏或拉琴之類的。

吃一頓飯，享受的不僅是異國美食，晚宴的浪漫氣氛也令人陶醉；如果是夫妻或情侶來，對促進彼此感情應該有幫助的。停留期間當然還有其他餘興節目，限於文章篇幅，我就省略了。

馬尼拉度假完了，我們兩個人，就一起飛到泰國。從下飛機之後，機場的歡迎模式及一路上的禮遇，幾乎就跟我在菲律賓雷同。我若自己花幾倍的錢，也不可能享受到這種禮遇及高質量的旅遊內容。時間飛快，經過很久了，無意間想起這件事，就快筆寫出來與各位分享。

## 十六、說話是藝術，辯護要有方法

俗話說：「沒有不好的土地，只有不好的耕作方法。」而方法人人會想，巧妙各有不同。以下三個案例，其實都是同一件事，但文字先後的不同組合及表達，產生的效果完全不同：

一、我能不能在上大學時，也去酒廊打工？（感覺形象是負面）
我能不能在酒廊打工時，也去上大學？（感覺很上進）

二、我能不能在吻你時，看電視？（感覺漫不經心）
我能不能在看電視時，吻你？（感覺很溫暖）

三、我能不能在祈禱時喝酒？（感覺很不虔誠）
我能不能在喝酒時祈禱？（有虔誠的感覺）

可見講話是一門藝術，話講得多不如講得巧。律師辦案經常要說話，尤其上法庭，常常唇槍舌戰，確實需要注意講話的方法。

# 後記

## 我寫的詩

# 我寫的詩——法律

在遙遠的年代我就降臨大地，
我的家族多到數不清，
每個朝代都有我的印記；
我的功能是維持社會秩序，我是安邦神器。

很遺憾！
多少暴君，以我之名，荼毒天下，埋葬正義；
多少奸臣酷吏，利用我羅織罪名，奪人性命。

曾幾何時，
商鞅改造我們的家族；

弱秦竟然燃起強國的火炬，
秦王趁勢滅了六國，奪得千古一帝。
王安石亟欲東施效顰，
可惜老臣抗拒，功敗垂成，宋室後繼乏力。

遙想當年，
劉邦攻入咸陽；
高舉我的旗幟，與民約法三章，
天下為之睥睨。

曹孟德玩弄我於股掌，
奉天子以令不臣；
漢獻帝一籌莫展，終身飲泣。
朱元璋年老無信，

拿我當兒戲；
假藉叛逆，竟然殺戮無數功臣，屍首滿山遍地。
袁世凱毀憲稱帝，
滿朝文武，竟然沉默，沒一個人有異議的骨氣；
那是我前世的記憶。

歷史，就是不斷改朝換代，
我也不停的輪迴轉世；
我永世不變的靈魂，
就是公平正義。

## 我寫的詩——律師

在古羅馬時代我就勇敢出現，
我一戰成名的場地是在那個元老院；
我不畏強權，勇於冒險，
伸張正義是我的宿願。

我行俠仗義，挑戰威權無上限，
從此，風塵僕僕奔波各國法院之間；
我若能自由表現，表示法治很亮眼，
我的角色若被壓抑，
試問這個國家哪有人權？
好萊塢的電影，把我演得活靈活現，

滔滔雄辯，機智反應賽神仙；
我的同道林肯、柯林頓、歐巴馬表現很驚豔，
當了總統，法律細胞仍然都沒變。

行走江湖，請個律師當顧問，感覺較保險，
達官顯貴、富商巨賈，請我提建言；
黑白兩道擺不平，我們就法院見。

我的身分法律學子最欽羨，
也有黑心律師，到處惹人厭；
江湖黑白有兩面，你千萬別受騙。

有人年收入勝過種植百畝田，
口袋似乎很不淺；

也有人，整天擔心賺不到牛奶錢。

我的角色不應只重利益現實面，
不該為了勝訴，上了法庭就胡言；
做好事、種福田；
光明磊落有尊嚴。

## 我寫的詩——法官‧檢察官

我是真心朋友少，權力很大的官，
整個法庭歸我管。
江洋大盜看到我，額頭直冒汗、雙腿軟；
凡是殺人放火，違法亂紀者，
我就通通把他抓去關。
我能決定別人生死，不是說著玩。

在古代，
我是行政兼司法官；
決斷人民的糾紛，豈止千千萬。
我的權力相當大，講話非泛泛，

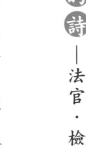

升堂問案，吆喝拍桌，沒人敢頂撞。
被告高喊冤枉，我是司空見慣，
要打、要押、要斬、全部都是我一個人說了算；
有時被告要留住小命，還得拿黃金來跟我換，
所以到處是冤獄，真的數不完。

在現代，
我被要求清廉、少慾望；
為了避嫌，我很少跟外界的朋友一起玩。
我是終年累月，有辦不完案件的官，
吃便當、常加班、卷宗經常讀到脖子酸。

我擬書類、寫判決，若出了差錯，
媒體就說，我與恐龍是同款。

我的壓力大，有時心情低落，不停吃藥丸；
早出晚歸，
家人經常等整晚。

我怕人說閒話，
豪車我不開，超跑不敢玩；
八大行業我只能摸黑去，避免給長官添麻煩。
別羨慕我權力有多大，
我回家後，照樣要洗碗；
兒女不聽話，跟你一樣很心煩。

我也羨慕別人，百無禁忌到處玩，
等我退休了，好玩、刺激的地方，我全部都要去逛一逛。

國家圖書館出版品預行編目 (CIP) 資料

勇者的逆旅 : 一位執業律師的思辨與取捨 / 張曼隆著. --
初版. -- 臺北市 : 匠心文化創意行銷有限公司, 2023.03
面 ; 公分
ISBN 978-626-96557-8-6( 平裝 )

1.CST: 張曼隆 2.CST: 律師 3.CST: 自傳

783.3886 112003436

EYE 發現系列 03

**勇者的逆旅** 一位執業律師的思辨與取捨

作　　者　張曼隆律師
出 版 者　匠心文創
出版總監　柯延婷
封面協力　桂錦田一
內頁編排　桂錦田一

總 代 理　旭昇圖書有限公司
地　　址　新北市中和區中山路二段 352 號 2 樓
電　　話　02-2245-1480 ( 代表號 )
印　　製　上鎰數位科技印刷
定　　價　新台幣 320 元

初版一刷　2023 年 4 月
ISBN 978-626-96557-8-6( 平裝 )